현대한국구술자료관 고도화연구 구술자료집 1권

평화·통일을 열어가는 사람들

윤충로, 송치욱, 한성훈 **엮음**
권문수, 김원백, 김지영, 정근 **구술**

진인진

평화·통일을 열어가는 사람들

초판 1쇄 발행 | 2022년 5월 30일

엮은이 | 윤충로, 송치욱, 한성훈
구   술 | 권문수, 김원백, 김지영, 정근
편   집 | 배원일, 김민경
발행인 | 김태진
발행처 | 진인진
등   록 | 제25100-2005-000003호
주   소 | 경기도 과천시 별양상가 1로 18 614호(별양동 과천오피스텔)
전   화 | 02-507-3077-8
팩   스 | 02-507-3079
홈페이지 | http://www.zininzin.co.kr
이메일 | pub@zininzin.co.kr

ISBN 978-89-6347-506-6 94300
ISBN 978-89-6347-505-9 94300(세트)

＊ 책값은 표지 뒤에 있습니다.
＊ 이 저서는 2019년 대한민국 교육부와 한국학중앙연구원(한국학진흥사업단)의 구술자료 아카이브
   구축사업의 지원을 받아 수행된 연구임(AKS-2019-OHA-1230001).

차례

들어가는 말

이 구술자료집은 한국학진흥사업단에서 10년 계획으로 진행하고 있는 '구술자료 아카이브 구축-현대한국구술사연구'의 연구결과물이다. 2019년 시작된 '현대한국구술자료관 고도화 연구단(이하 현대한국구술자료관)'은 '구술자료의 특성을 반영한 관리체계 구축', '구술자료의 활용성 제고', '전문적인 구술자료관 구축'을 목표로 연구를 진행하고 있다. 현대한국구술자료관은 수집된 구술자료의 연구·활용도를 높이고, 대중적 성과확산을 도모하기 위해 '구술자료 아카이브 구축' 사업에서 생산·아카이브화 된 구술자료를 선별하여 구술자료집을 발간키로 했다. 이 책은 그 첫째 권이다.

이 책은 '구술자료 아카이브 구축' 사업을 수행하고 있는 연세대학교의 '평화통일운동과 남북교류협력 구술채록 사업' 1차년 수집 자료를 토대로 했다. 연세대학교 수집 연구단은 "한반도의 분단을 뛰어넘는 다양한 경험들을 종합적으로 구술채록, 정리함으로써 한반도 평화공동체 수립의 기초자료로 활용하며, 남북과 해외 한인을 포괄하는 탈냉전 현대사 연구의 토대를 구축"하는 것을 목표로 "1945년 이후 남북분단의 질곡을 극복하기 위해 펼쳐진 평화통일운동과 남북교류협력의 경험을 구술자료로 집적"하고자 했다. 이러한 연구 목적을 고려하여 해외동포 2명을 포함한 총 4명의 구술자를 선별했다. 구술자들은 농업 교류, 북측 지역 나무심기 운동, 해외동포 평화통일·민주화운동, 의료협력 및 교류 등 다양한 분야에서 남북교류·협력, 분단극복을 위해 노력해온 분들이었다.

먼저 구술자 권문수는 '통일딸기' 교류사업의 주역이다. 통일딸기 사업은 딸기모종을 평양으로 보내 이를 증식시킨 후 다시 남측으로 들여와 농가에서 재배해 출하하는 방식으로 2006년부터 2010년 5.24조치 이전까지 남북한 농업교류의 새로운 가능성을 보여준 사례였다.

두 번째 구술자 김원백은 1976년 캐나다로 이민해 정착한 해외동포다. 그는 황폐한 북측 산림을 보고, 2001년부터 본격적으로 북측 나무심기운동을 벌여왔다. 2000년~2005년까지 1억 주의 묘목을 북쪽 땅에 심었다. 당장 눈에 보이는 성과를 넘어 나무심기를 통해 조국의 미래를 위한 기반을 마련하고자 했다.

세 번째 구술자 김지영은 1970년 결혼하여 일본으로 건너 간 재일교포다. 일본에서 재일유학생 간첩 조작사건(최철교 사건)에 반대한 투쟁에 참여했고, 1980년 5.18민주화운동 소식을 접하면서 한국의 통일·민주화운동의 길에 들어섰다. 한통련 기관지『민족시보』편집위원, 재일한국민주여성회 등에서 활동했고, 현재까지 그 활동을 이어 오고 있다.

네 번째 구술자 정근은 국제의료봉사단체인 그린닥터스를 만들어 활동했다. 2004년 4월 북한의 용천역 폭발사고를 계기로 대북 의료교류에 본격적으로 관심을 갖기 시작했다. 개성공단응급진료소(2005년~2006년), 개성남북협력병원(2006년 12월 1일~2012년 12월 13일)을 조직하고 관리·운영했다. 2018년부터는 개성종합병원 건립 계획을 추진하면서 다방면으로 남북 의료 교류 사업을 모색하고 있다.

구술자들의 구술은 다양한 분야에서 이루어져 온 남북교류협력의 활동을 구체적으로 보여준다. 구술을 통해 드러나는 남과 북은 분단의 장벽으로 막혀 있는 단절된 공간이 아니었다. 경직된 정치·군사적 상황에서 자신들의 방식으로 다각적인 측면에서 전개된 구술자들의 활동은 남과 북을 연결하는 소중한 통로였다. 이들을 통해 남과 북, 북과 남은 짧은 순간이나마 '작은 통일'을 경험할 수 있었고, 통일의 가능성을 엿볼 수 있었다. 이 구술자료집을 통해 많은 이들이 간접적으로나마 이러한

'통일'을 함께 경험할 수 있었으면 한다.

　이 책의 집필과정에 대해 간략히 밝히고자 한다. 이미 밝힌 바와 같이 이 책은 연세대학교 '평화통일운동과 남북교류협력 구술채록 사업' 1차년 연구 결과물을 기반으로 했다. 구술자는 수집 연구단이 추천하고, 현대한국구술자료관과 협의하여 결정했다. 구술자 4인 가운데 권문수, 김원백, 정근, 3인에 대한 면담은 연세대학교 연구단의 연구교수 한성훈이 진행했다. 재일동포 김지영의 구술면담은 역사문제연구소 연구원 김세림이 맡았다. 현대한국구술자료관으로 이관된 구술자료를 기반으로 한성훈(구술자 권문수), 윤충로(구술자 김원백, 정근), 송치욱(구술자 김지영)이 집필 작업을 진행했다.

　구술자를 선별한 후 제일 먼저 구술자에게 자료집 출판 계획을 알리고 현대한국구술자료관 서식에 맞춰 출판 동의를 구했다. 구술자료집 집필은 구술자의 구술성을 살리기보다 구술자의 경험과 구술 내용을 잘 전달할 수 있도록 가독성을 높이는 방향에서 진행했다. 이는 이 책이 잘 알려지지 않았던 남북교류협력사업과 평화통일운동에 대한 대중의 이해를 확장하고, 구술자료에 대한 접근을 용이하게 하는 것을 기본적인 목적으로 했기 때문이다. 구술자별로 서두에 집필자가 간략한 소개글을 작성했던 것도 이러한 취지를 살리기 위해서였다. 초고 집필 완료 후에는 구술자가 집필 원고를 충분히 검토하고 확인하는 과정을 거쳤다. 구술자뿐만 아니라 면담자에게도 원고 검토를 의뢰하여 자료의 편집과 윤문 과정에서 발생할 수 있는 문제를 최소화하고자 했다. 또한 출판 전 최종 원고를 구술자가 검토할 수 있게 하여 구술자의 의견을 마지막까지 반영하려 노력했다. 그럼에도 불구하고 미진한 부분은 편집자의 책임임을 밝힌다.

　이 책의 간행을 흔쾌히 허락해주신 권문수, 김원백, 김지영, 정근,

네 분의 구술자께 이 자리를 빌려 다시 한 번 감사 인사를 드린다. 특히 해외동포로 여러 어려운 여건임에도 불구하고 자료집 발간 작업에 적극 참여해주신 김원백, 김지영 선생님의 노고에 감사드린다. 또한 구술자료집 발간을 위한 공동작업을 함께할 수 있도록 배려해주신 연세대학교 '평화통일운동과 남북교류협력 구술채록 사업'의 연구책임자 김성보, 이기훈 선생님, 면담을 진행하고 자료집 원고를 검토하며 이 책의 완성도를 높일 수 있도록 애써주신 구술자료 수집 연구단 연구단의 김지훈, 엄승미, 박좌진, 성건호, 김재형, 이영조에게 감사인사를 드린다. 부족하나마 이 책이 '한반도 평화공동체 수립'과 '탈냉전 현대사 연구'를 위한 하나의 밑돌이 되기를 희망한다.

- 엮은이 일동

I

통일딸기 사업으로 일군
남북 농업의 꿈

권문수

- 1971년 경남 밀양 출생
- 2007년~현재 (사)경남통일농업협력회 사무총장
- 2006년~2007년 (사)경남통일농업협력회 회원

2019년 1월 10일 문재인 대통령은 청와대에서 가진 신년 기자회견에서 경남통일농업협력회가 성과를 거둔 '통일딸기'에 대해 언급한다. 대통령은 지방자치단체 차원의 남북 경협에 대해 답변하는 도중 경남 '통일딸기'를 예로 들면서 다방면의 교류사업을 설명하였다. '통일딸기'는 2006년 경남통일농업협력회가 2,500주의 딸기 모주를 평양 장교리협동농장으로 보내면, 북측에서 이 모종을 1만 주로 증식시킨 이후 다시 경남으로 들여와 밀양지역 농가에서 재배하는 방식으로 진행되었다. 2007년 2월에 첫 수확을 한 '통일딸기'는 백화점에서 시민들에게 판매하면서 널리 알려졌다. 통일딸기사업은 남북교류협력의 성공 모델로 주목받았지만, 2010년 5·24 조치 이후 남북 교류가 중단되면서 이 사업 역시 지속하지 못하고 중단된 채 현재에 이르고 있다. 2018년 남북정상회담 이후 서울과 평양사이에 평화협력 분위기가 무르익으면서 지방자치단체를 중심으로 한 교류협력방안이 다시 활기를 띄기 시작했고 경남통일농업협력회의 딸기 사업도 주목받았다. 2018년 9월 평양에서 열린 정상회담에서 김정은 국무위원장이 지방자치단체의 교류를 이야기하면서 경남통일농업협력회가 진행한 '통일딸기' 사업을 언급한 것으로 알려졌다.

경남통일농업협력회는 지역의 농업인들이 중심이 되어 만든 대북협력사업 조직이다. 농민들이 회원으로 참여하고 있는 이 단체는 2005년 설립한 이후 딸기 모주를 평양에 보내고 이것을 다시 밀양으로 들여와 딸기를 수확하는 방식의 사업을 진행하였다. 이 사업은 남북교류협력에서 매우 이례적인 성과를 남겼는데, 남측이 일방적으로 지원하는 대북사업의 선례를 뛰어넘어 새로운 형태의 협력 방안을 제시한 데 큰 의의가 있다. 경남통일농업협력회는 통일딸기 사업 이외에 벼 종자를 지원하고, 평양에 소재한 장교리협동농장의 소학교를 재건축하였으며, 어린이를 위한 콩우유 공장을 또한 건립하였다. 이와 같은 사업은 경상남도가 남북교류에 관한 조례를 제정한 것이 밑그름이 되었고, 도민들의 후원에

힘입은 바 컸다.

　권문수의 구술은 경남통일농업협력회가 사업을 본격 추진하는 2006년 이후의 기록이며 남한과 북한의 농업 분야 협력과정에 대한 살아있는 증언이다. 구술자는 상근 사무총장으로서 농업분야의 교류가 갖는 중요성을 '통일딸기' 사업을 근거로 강조하였으며, 대북 지원사업의 한계를 넘어서는 진정한 교류협력 모델을 제시하고 있다. 그는 두 차례의 구술에서 북한 사회의 정책 결정 과정에 대한 이해와 남한과 다른 차이, 남쪽의 일방적인 지원이 갖는 문제점을 어떻게 인식하게 되었는지 밝혔다. 남한이 북한을 돕는 일방적인 방식의 교류를 넘어서서 '통일딸기' 사업은 북측으로부터 남한이 협력을 이끌어내는 데 매우 효과적인 소재였다. 그는 현장에서 필요로 하는 남북교류의 의제와 사업을 매우 구체적으로 제시하며, 제도에 갇힌 관료들의 안일한 태도를 비판하였다. 유엔의 대북한 제재에 맞서 우리 시대, 당대의 시민들이 할 수 있는 일이 무엇인지 그의 구술은 진지하게 묻고 또 성찰하고 있다.

• • • •

1. 경남통일농업협력회 설립과 남북교류

• 경남통일농업협력회 조직과 농업인 회원

딸기체험농장 현장입니다. 오랫동안 만나 뵙고 싶었는데 오늘 드디어 찾아뵙게
되었습니다. 현장이 건설중에 있는데, 바쁘신 가운데 짬을 내 인터뷰에 응해주
셔서 감사합니다. 총장님, 경남통일농업협력회(이하 경통협)에서 활동하기 전에
통일과 남북교류에 대해 생각이 있었습니까?

한 50대 정도, 40~50대 되는 분들이 대부분 조금씩 통일에 대한 마음
들은 가지고 있었던 것 같은데. 특별한 건 아니고 그 정도의 마음이었어
요. 제가 이런 일을 하게 된 계기가 있습니다. 제가 지역에서 학교 다니
고, 소위 학생운동을 조금씩 하면서 한 선배를 만납니다. 지방으로 내려
온, 농투(농업투쟁)라 그러지예. 시골에 내려온 선배를 만났는데, 소탈하
고 아주 괜찮은 분이었어요. 부산대에서 오신 분인데, 그분이 정치도 하
고 농민운동도 하고, 마지막에 찾았던 일이 2005년에 경통협이 창립하
는데, 그분이 역할을 했죠. 저는 "아, 이제 제대로 하는구나." "정치 안 하
고. 농민운동도 이제 제대로 좀 할 수 있겠구나." "한정적이거나 제한적
인 농민운동이 아니라 북에서 한번 뭔가 일을 할 수 있는, 큰일을 할 수
있겠다." 그런 기대를 크게 했습니다. 그분이 중심이 되어 2005년에 경
남통일농업협력회를 창립합니다. 밀양지역, 여기에 있는 육묘를 하는 분
들이 육묘업을 하면서, 육묘업은 굉장히 많이 합니다만 수익이 되는 산

업이거든요. 돈도 좀 벌고 여유가 있었던 것 같에요. 그러면서 자기를 돌아보는, 농민의 관점에서 자기를 돌아보니 '나도 어렵고 힘든 시기를 살았는데, 내가 돈을 이제 조금 벌고 하면서 주위를 돌아보게 됐던' 것 같애요. 그러면서 "아, 북측이 힘들 것이다. 북에 있는 농민들이 얼마나 힘들겠노. 우리가 갖고 있는 우리 능력으로, 우리가 키운 이 고추 모종을 북으로 함 보내보자." 그렇게 해서 경통협이 시작이 되었던 거죠.

• 경남통일농업협력회에서 활동하게 된 계기

2006년에 엄청난 일이 있었죠. 통일딸기가 북측에서 내려오고 마치 통일이 되는 것처럼 그렇게 경남은 분위기가 됐었는데, 이듬해 그 선배가 갑자기 세상을 떠납니다. 2007년에 교통사고. 그분이 2005년에 경통협을 만드는데 큰 역할을 했고, 또 사무국장을 맡아 열심히 했는데 그만 불의의 사고가 일어납니다. 2007년, 정확하게 음력으로 8월 14일. 그날이 또 하필 제 생일입니다. 고향에서 친구들이랑 생일파티 하다가 그 선배가 사망했다는 소식을 들었어요. 처음에는 장난인 줄 알았어요. 왜냐하면 불과 몇 시간 전에 같이 만나서 얘기를 했거든요. 워낙 친했던 선배니까. 곧 명절이고 해서 집에 갈 거니까, 지역에 있어도 이렇게 쉽게 만나지는 못하잖아요. 인제 명절 쇠고 보자 했는데 사고가 났어요. 대형 사고가 났죠. 고향에서 꽤 잘 나갔던, 공부를 열심히 했던 사람들이 다 유학하고 했던 분들이 고향에 와서 명절이고 하니까 단체로 놀았던 것 같아요. 그리고 차를 타고 들어오다가 사고가 난 거죠. 그 소식을 듣고 그 일이 있고 나서 장례를 치르고, 장례 시간 동안 저도 같이 보냈죠. 그때는 제가 경통협 일원이 아닙니다. 전혀 아무런 관계도 없는…. 그러다가 장례 치르고 나서 운명처럼 이렇게 지금까지 13년째 하고 있죠.

경통협 활동을 하게 된 직접적인 계기는 그 선배라고 해야 되겠네요. 경통협이 북측과 교류를 하게 되는 첫 시작은 어떻게 이루어졌는지, 북측과 협의는 어떻게 진행했습니까?

그렇죠. 제가 통일에 대한 큰 뜻이 있어서 또 열정이 있어서, 물론 기본적인 것들은 당연히 동시대를 살아왔던 사람들은 다 느꼈을 것 같고, 그런 것보다는 그 선배와 가진 어떤 인연, 그게 시작한 계기가 되었던 것 같아요. 저는 언제 그만둘 줄 몰라요. 그렇게 시작했기 때문에 운명처럼 시작했던 일이라서 언제 그만둘지를 몰라요. 경통협에서 모종, 고추 모종을 보내려고 해보니 우리가 할 수 있는 방법은 북쪽 기관을 만나야 되는 거잖아요. 밀양에 있는 사람들이 모였다고 해서 북측 기관을 만날 수 없는 거잖아요. 전국농민회총연맹(전농)을 통해서 북측의 조선농업근로자동맹 쪽에 연락해서 고추 모종을 좀 보내겠다, 이렇게 해서 2005년에 북쪽 관계자를 만났는데, 만나보니 원하는 것이 고추 모종은 심을 땅이 있어야 되고 시설이 있어야 되는 거잖아요. 우리는 우리 생각만, 줄 것들만 고민한 거지, 이걸 받아서 그들이 어떻게 할 건가에 대한 고민이 없었던 거죠. 북을 잘 몰랐다. 이것이 경통협의 고민이었어요. 북을 제대로 알아야 하기 때문에 단체를 만들어야 된다. 그래서 경남통일농업협력회를 준비위원회부터 해서 창립을 하게 됩니다.

합   의   서

　　남측의 사단법인 경남통일농업협력회 (이하 <가> 측) 와
북측의 민족화해협의회 (이하 <나> 측) 는 력사적인 6. 15
공동선언의 정신에 기초하여 다음과 같이 협력사업을 진
행하기로 합의한다.

1. <가> 측과 <나> 측은 평양시 강남군에 2006 년 초부터
   식수사업과 남새온실 1000 평 건설사업을 진행하도록
   적극 노력한다.
2. <가> 측은 식수사업에 필요한 나무묘와 남새온실에 필
   요한 설비와 자재를 제공하고 <나> 측은 건설에 필요
   한 로력과 부지를 제공한다.
3. <가> 측은 합의한 사업의 원활한 진행을 위해 적극 노
   력하며 <나> 측은 시설설치를 위한 <가> 측 기술진의
   방문과 편의를 보장한다.
4. <가> 측과 <나> 측은 합의한 사업의 적극적인 추진과
   앞으로 농업협력사업의 확대를 위하여 서로 협력하며
   필요한 시기마다 실무접촉을 진행한다.

　　　　　　　　　　2006 년/월23일

　　　남측 경남통일농업협력회　　　북측 민족화해협의회

사진 1　합의서

2006년 1월 23일, 경남통일농업협력회와 민족화해협의회가 협력사업을 진행하기
위해 평양에서 체결한 합의서 내용.

사진 2   평탄작업

2006년 2월 25일, 평양 소재 장교리 협동농장에서 비닐 온실을 건립하기 위해 평탄 작업을 하고 있는 북측 인민들의 모습.

• 북한과 농업협력사업을 시작한 과정

북측에 들어갈 때 민족화해협력범국민협의회(민화협)을 통해서 들어갔기 때문에 협의는 민화협을 통해서 진행하고. 북측 현장에서 관계자를 만나면 마을에 있는 관리위원장과 협의해서 진행했지예. 사진은 장교리협동농장에서[1] 시작할 때에 체결한 합의서입니다. 2006년에 시작할 때는 경통협이 독자적으로 교류협력사업을 진행할 수 있는 상황이 아니었습니다. 평양 근교의 장교리협동농장에 육묘장을 짓는 것까지는 우리민족서

---

1   평양시 강남군 장교리에 위치한 협동농장이다.

로돕기운동의 합의가 되어있는 상황이었고, 우리민족서로돕기운동이 경상남도의 교류협력사업을 진행하면서 경통협이 함께 들어갔던 겁니다. 중간에 소통하는 것은 그 당시는 우리민족서로돕기운동에서 진행했었고. 장교리 협동조합을 조성하면서 보면 현장이 다 논이잖아요. 논은 한 평이라도 다른 용도로 사용할 수가 없다, 이게 북쪽의 입장이었죠. 육묘장이 아무리 좋다 하더라도 논에서는 지을 수가 없다. 그러면 어떻게 하면 좋겠느냐 해서, 부지를 선정하러 다닌 겁니다. 쭉 보니까 함께 했던 이사들이 파악하기를 약간 언덕 같은 곳에 밭이, 적당한 밭이 있었어요. 그 밭을 평탄 작업해서 육묘장을 건립 하자. 육묘장은, 이게 나중에 보면 알지만 땅에다가 농사를 하는 게 아니기 때문에, 구조물을 설치하기 때문에 충분히 밭에서도 가능하다. 대신에 물이라든지 여러 가지 조건들이 따라와야 하는데, 그런 것들까지 고민할 수 있는 상황이 아니었기 때문에, 어떻든 밭을 평탄 작업하고 시작했습니다. 장교리소학교. 처음에 들어갔을 때 이 마을에서 농업협력사업을 시작하게 됩니다. 장교리협동농장이 있는 마을이라고 보시면 됩니다. 이 마을에서 협동농장이 쭉 형성되어있다 이렇게 보시면 되고예.

2. 장교리 육묘장 건립과 지원

• 평양시 장교리 협동농장 건립 과정

북한과 직접 교류하며 우리 입장보다는 북측에서 실질적으로 어떤 게 필요하고, 그쪽에서 요구하는 것이 뭔지 알게 되었고. 이것이 계기가 되어서 이런 단체를 만들게 되었죠? 경통협이 2006년부터 평양시 장교리에 있는 협동농장에 각종 채소 종자와 통일딸기 천 주, 육묘에 필요한 농자재를 지원하였는데요. 이 사업에 대해서 얘기해주시죠.

경통협이 2006년부터, 2005년의 경험이 있으니 2006년부터 협력사업을 진행해야 하는데, 초기에는 우리가 시작을 했던 건 아닙니다. 그 당시는 우리민족서로돕기운동본부, 서울에 있는 본부로부터 지원을 받아 시작했습니다. 장교리에서 육묘장까지를 그들과 같이 육묘장까지 건립하고, 그 이후에는 경남통일농업협력회가 중심적으로 일을 하게 되었죠. 농민단체가 1년에 십억 정도 규모로 지원사업을 한다는 건 쉽지 않거든요. 경통협이 만들어지고 경상남도가 대북지원 관련 조례를 만들었습니다. 그 조례를 보고 "야, 우리가 경남에 이런 대북지원사업을 하니 같이 한 번 해봅시다." 이렇게 이야기가 된 거지요. 아시다시피 공직사회라는 것이, 그 열려있는 생각을 하지만 "아무것도 없는 너희가 와서 이거 한다니 믿음이 가겠냐"는 거지요. 그래서 "너희들 리스트 한 번 보자. 뭘 했고, 너희들이 뭐 하는 사람들이냐" 했을 때 그 당시에 대학을 제대로 졸업했던 이사들이나 회원들이 잘 없었어요, 중심적으로 일하는 분들 중에는. 왜냐하면, 아까 말씀드린 것처럼 학생운동을 하다가 들어오신 분들, 시골로 들어오신 분들도 있고, 또 농업을 하시는 분들이라서 주로 대학보다는 현장에서 일을 많이 하셨던 분들이었죠. 그렇다고 어떤 대학을 나오신 분들이라 하더라도 경통협에 참여하는 분들이 사회에서 나름 명망이 있는 분들이 아닌 거지예. 이런 상황에서 경상남도와 약간, 그런 부분에 대해서는 처음에 갈등이 좀 있었어요. 결국엔 일은 사람이 하는 거잖아요. 경통협은 당시에 100% 농민들이었죠. "농업협력사업을 진행하는데 너들이 뭐를 하고 싶노?"라고 했을 때, 다른 어떤 팀들이 "뭘 하겠다"라고 하는 건 자기네, 자기들이 북쪽과 이렇게 의논했던 결과를 가지고 할 수밖에 없는 거잖아요? 그런데 우리는 그런 거 아니거든요. 경통협은 농민의 경우 우리가 살았을 때, 살아왔을 때 "어땠을까?", "그때 이랬다", 아니면 농업이 점진적으로 발전하면서 "우리가 무엇이 필요하다"는 걸 몸으로 알고 있는 거지. 그것이 육묘장이었습니다. 왜냐하면 우리 집도 어른(선친)이 농사를 꽤 오래 하셨거든요. 지금은 돌아가셨는데, 아버지가 매번 직접 자가 영농을 했단 말입니다. 볍씨를 담가 가지고 자식들을 다 오라 해서 흙을 채 가지고 모판을 다 심었잖아요. 모판을 깔아서 논에 깔아서 이렇게 했는데 너무 번거롭잖아요. 그러고 자식들이 한두 번이지 그거 오는 게 쉬운 거 아니거든예. 경제적으로 따져도 그거 만만치 않단 말이지. 제가 한해는 육묘장에 살짝 가서 모를 조금 사가지고 드렸어요. 그 다음 해부터는 육묘장에서 '언제 가지러 오노' 그래요. 편하단 말이지요. 농사도 잘되지. 당연히 모종을 파종하고 키우는 것까지를 육묘장에서 자기들이 전업으로 하고 있는 분들이 있는데 어찌 잘못 키우겠냐고. 그러니까 북한 농업이 하루아침에 이렇게 어려워진 것을 하루아침에 달라질 수 있는 건 아니잖아요? 우리가 육묘를 통해서 그들 스스로 그들의 힘으로 파종하고, 그다음에 씨앗까지, 씨앗을 파종해서 모종까지 만들어내는 것을 하고 난 이후에 본 밭으로 나가면 당연히 수확 시기는 당겨질 수 있지 않느냐. 그 방식을 우리 경남이 하고 있는 그 방식으로 진행하는 게 좋겠다. 그러면 이앙기도 필요하고 그렇잖아요. 육묘를 하게 되면 자연스럽게 그 다음 순으로 기계화, 그런 최첨단은 아니지만 기계에 의존하는 그런 것으로 나아가죠. 예를 들어서 모내기를 할 때 우리는 좌식용, 앉아서 일하는 이앙기를 사용합니다. 그런데 그까지는 필요 없는 거잖아요. 육묘 해 가지고 모내기하는 것만 해도 큰 변화인데. 직접 사람이 수동으로 하는 것도 얼마든지 있으니 중고 기계를 구입해서 그것들도 가지고 가고, 일부 또 새것도 가지고 가고 자존심, 북쪽의 자존심도 있으니 그렇게 해서 지원을 했던 겁니다.

• 북한 측의 장교리협동농장 건립 방침

장교리협동농장 지원은 북측 당국에서 이 농장을 지정한 것입니까? 2006년에 북측의 협동농장, 관리인이라든지 거기서 일하는 분을 만나봤을 때 남측에서 육묘장 시설을 만들게 되었는데, 거기에 대해서 어떻게 얘기하던가요?

대한민국에 있는 아마 모든 단체들이 우리 결정을 가지고, 또 북쪽에 가서 설득하고 이렇게 할 수는 없는 거거든예. 북쪽에서 나름의 방침이 있고 또 거기에 맞는 그 지역으로 갈 수밖에 없는 게 있거든요. 제가 말씀드린 것처럼 우리민족서로돕기운동이 초기에, 2006년 초까지는 북측이랑 어느 정도 합의를 해오고 있는 상황이었기 때문에 장교리협동농장을 가게된 거예요. 장교리에 육묘장을 지어 놓고 준공식을 하고. 2010년에 또 남새 온실도 지어 놓고. 제가 2007년도에 갔었죠. 그때가 경통협 입장에서 보면 좀 좋지 못한 시기입니다. 왜냐하면 2006년 경상남도에서 조례를 통해서 우리가 하는 사업을 지원하기 시작했잖아요. 육묘장도 짓고 온실도 짓고 농기계도 지원하고. 그런데 1년, 2년 정도 되니까 생각보다 북쪽에서 변화가 일어날 거 아니겠습니까. 당연히 그 지역의 변화는 일어날 수밖에 없는 거죠. 이제 서서히 그런 것들이 있었던 거 같아예. 다른 지역과 여기 장교리에 대한 차이. 그것에 대한 저쪽 사람들에 대한 불만들이 조금씩 나왔던 것 같아예. 2007년 제가 갔을 땐 약간 주저하는, 농민의 입장에서 장교리 주민들은 뭔가 새로운 것들에 대한 요구가 있고 욕구가 있는데, 같이 동행하고 있는 북쪽 기관 분들이 자꾸 그걸 좀 막는 게 있었습니다. 뭐냐하면, 그 당시에 저희들이 농기계 보관창고를 하나 지어야 되겠다, 농기계라는 것이 잔고장이 많습니다. 잔고장도 있고 하니 부속을 갈고 해야 돼서 비도 피하고 말이죠. 그 적당한 부지에, 예산도 있고 해서 이제 "보관창고를 하나 짓자"하고 갔는데, 현장을 갔습니다. 현장에 갔는데 계속 안 된다라기 보다, 뭔가 안 되는 방향으로 이야기를 많이 하고 있었어요. 우리는 그 당시에 사실, 그런 내용을 잘 몰랐습니다. '이분들이 왜 이렇게 자꾸 소극적으로 나올까?' 2008년에 딱 들어가 보니 알겠더라고요. 2008년 들어가면 "더 이상은 이제 경통협은 장교리에 들어올 수 없다." 이렇게 북측에서 통보합니다. 우리가 "뭐 때문에 그러느냐?" 그런데 북측에서 뭐 "이것 때문에 그렇습니다" 이런 얘기 잘 안 하잖아요. 원래 안 하잖아예. 원래 안 해. 제가 예를 하나 말씀드릴게예. 개인적으로 김정일 국방위원장이 사망한 시기가 2011년도 그때 제가 평양에 있었거든예. 그런데 돌아오는 날, 제가 한 번도 이 이야기를 안 했는데, 비행기가 떴다가 다시 회항했습니다. 회항해서 다시 평양으로 들어갔단 말입니다. 비행기가 떴다가 다시 이렇게. 그러면 보통은 기내에서 방송을 하지예. "이런 이런 사유로 우리가 돌아갑니다." 그런데 말을 한마디도 안 해. 그냥 대기하는 겁니다. 일단 공항을 통과했잖아요. 공항으로 들어가지 못하는 거잖아요. 그러면 출국장 입구에서 기다릴 수밖에 없는데, 거기서 몇 시간을 그냥 기다리는데, 그 이야기를 하겠냐고요. 장교리에 우리가 더 이상 못 들어간다고 할 때 무슨 이야기를 어떻게 하겠냐는 거지예. 추측해보면 주민들도 만나보고 또 기관 분들 하고 저녁에 살짝 이렇게 얘기를 들어보면, 아까 제가 말씀드렸던 차이. 그러니까 장교리와 주변에 있는 마을과의 차이. 그것에 대한 북쪽의 불만들. 뭐 당연히 그럴 수밖에 없지예. "왜 장교리만 하느냐"라고 했을 때 아까 물어보신 거잖아요? 장교리를 우리가 한 것도 아니고, 그쪽에서 확인해서 한 건데, "왜 거기만 하느냐"라고 할 때 자기들도 좀 당황스러울 수 있다는 거죠.

• 북한 인민들의 육묘장 조성 참여

장교리협동조합에서 육묘장을 만들 때 작업하는 사람들, 인민들은 여기 협동조합에서 일하는 북한 사람들이 참여한 겁니까?

예, 거기 마을 분들이 다 나오셨지예. 다 북한 분들입니다. 삽으로 이 모든 것들을 다 할 수 없습니다. 기계는, 포클레인은 저희들이 기본 작업을 조금 했고, 나머지 큰 기계들이 하고 난 이후에는 사람이 들어가서 했지예. 농사는 사람들이 해야 하는 거라서, 사람들이 이렇게 평탄작업을 쭉 했습니다. 벼를 심으려면 육묘장을 만들어야 하고, 육묘장을 만들어 놓고 파종을 하기 위해서는 준비가 되어야 하는데, 그게 안 되면 농사를 할 수가 없잖아요. 역순으로 따져보면 겨울에 폴대를 박아야 된다, 눈 속에 파이프를 박아서 육묘장을 건립하고 있는 겁니다. 남쪽에서, 경상남도에서 지원했던 겁니다. 북한이 우리와 일을 같이 해보지 않았기 때문에 그 사람들은 우리 방식으로 하는 거에 대해서 경험이 없는 거잖아요. 자기들이 어떻게 할 수 있는 게 아니니 좀 혼란스러운 부분도 있고, 남쪽이나 북쪽이나 이게 관계가 마을 분들한테는 처음이잖아요. 어떻든 빨간 목장갑을 끼고 일을 합니다. 처음에는 목장갑을 주려고 하면 북측 사람들이 받을 수가 없는 거죠. 한참 망설이다가, 고민했던 게 우리 이사들이랑 같이 갔던 분들이 장갑을 밭의 군데군데 던져놓는 거죠. 그러면 일하다가 뭐 필요하면 껴서 하고 이렇게 진행했습니다. 어느 순간에 이런 것들이 무너졌던 거지예. 사소한 모든 것들이 처음에는 걸렸어예. 2006년, 이럴 때는 서로 맞지않는 부분들이 무너지는 과정이었던 거 같애예. 육묘장은 건립이 되는데 남북에 있던 어떤 차이 이게 서서히 해소되는 거였죠. 농민들의 입장에서 보면 그랬던 거 같애예. 공사가 끝나고 육묘장이 딱 들어서고 육묘장에서 농사 짓고 그 다음에 일반 온실에서 채소재배를 하면서 남북한의 차이가 흘러버렸던 거 같

사진 3 비닐하우스를 짓고 있는 경통협 회원들

2006년 3월 11일, 평양 장교리 협동농장에서 경통협 손우권 이사와 기술진이 비닐하우스를 짓고 있는 모습.

24 평화 · 통일을 열어가는 사람들

애예. 그 다음부터는 술술술 이야기하고 물어도 보고 어떻게 해야되는지, 또 자기들도 궁금한 것들은 와서 살짝 이야기도 하고 그랬던 거 같애요.

3. 장교리 육묘장 현황과 딸기 재배

• 장교리농장에 지원하는 농기계

장교리협동농장마을에서 전개한 농업협력사업에서 필요한 농기계 지원의 규모는 어떻게 됩니까, 딸기 육묘에 필요한 기계는 남한에서 가져간 것일 텐데, 어느 정도 규모와 지원을 했습니까? 육묘 관리에 대한 북한측 기술이라고 할까요, 농업 생산에 있어서 별다른 어려움은 없었습니까?

대부분, 모든 것들은 얼추 다 가져갔다고 봐야 합니다. 거기는 물자들이, 여기에 특화되어 있는 것들이 아니고 또 시스템 자체가 처음으로 들어갔던 거기 때문에 우리 쪽에서 다 가져간 거죠. 경통협에서는 처음 들어갔던 거고, 또 북쪽에서 처음, 그쪽 지역에서는 처음 받았던 부분들이기 때문입니다. 비닐하우스 스무 동이면 꽤 많았지예. 우리 온실로 보면 스무 동 이상이고. 그 분들이 실제로 일을 하다 보면 약간 여유 자재들이 나옵니다. 조금 여유 있게 물자들이 들어가면 그것을 아껴가지고 옆에다가 또 조그만 하우스를 짓죠. 그렇게 하기 때문에 예산을 계산해 보면 2006년부터 2008년까지 장교리 같은 경우는 3년을 했는데 물자를 보면 한 십억씩 들어가지 않았나 봅니다. 십억 안에는 방북 경비도 포함되어 있기 때문에, 오, 육억 정도 가지고 농사를 진행했던 거지예. 투입

된 비용에 대비해보면 상당히 변화는 많았던 거 같애요. 농사는 다 방식의 차이가 있고 우리가 약간 현대화된 부분들이 있지예. 육묘장을 중심으로 한 농업이고 이분들은 자가 영농, 자가 육묘를 하니까 그 차이가 있는 거지. 큰 변화가 있고 큰 시스템의 차이가 일어나는 게 아니거든예. 기술력은 오히려 우리보다 더 손재주가 좋고, 또 농사 실력도 나쁘지 않습니다. 단지 그런 물자들이 부족하고 경험들, 채소재배에 대한 경험이 많지 않기 때문에 시설 온실에 대한 경험이 적기 때문에, 그 차이 정도입니다. 그분들이 일을 못 한다 그런 것은 차이가 없었던 거 같애요. 오히려 젊고, 또 보시면 여자분들이 많아요. 그래서 섬세한 분들, 육묘를 하다 보면 접목이라고 하죠. 쉽게 말해서 다른 두 가지의 그 성질이 하나로 이렇게 합쳐지게 만들어버리잖아요. 육묘기술 같은 경우는 남쪽은 나이가 많은 분들이 많아예. 대부분 60대, 육묘장에 가보면 70대 분들도 앉아 계시지예. 아니면 외국인들이 있고. 섬세하기 때문에 작업하기에는 젊은 친구들이 훨씬 유리해. 북쪽에 있는 분들은 그 조건이 충분히 될 수 있기 때문에 북측이 육묘를 하는 데에는 오히려 좋은 조건을 가지고 있다고 보면 될 것 같애요. 경통협의 고민이 뭐였냐면 식량문제를 북쪽은 가지고 있으니 수도작(水稻作), 논에 물을 대어 벼농사를 짓는데, 육묘를 통해서 진행해야 된다. 이게 가장 큰 고민이었어요. 이걸 하기 위해서 육묘장이 필요했던 거고, 육묘장을 짓는다고 해서 모든 게 끝나는 게 아니죠. 벼농사를 육묘장에서 생산해서 갖고 나온다 했을 때, 키워서 나온다 했을 때, 들에 가서 직접 기계화가 되지 않으면 결국은 육묘장에서 키운 의미가 없어져 버리거든예. 대신에 방식은, 남측은 아주 현대화된 방식이지예. 벼농사 자체가 거의 세계적인 수준이고, 농기계들도 최첨단화된 기계들이 많잖아요. 그런데 북에 그 방식이 적용되면 농기계들이 너무 고가의 제품들이고, 그 다음에 고장이 나면 제일 큰 문제가 뭐냐면 전자식 같은 경우는 고장이 나면 수리가 안 됩니다. 농민들이 수리를 할 수가 없어요. 그러면 주로 누가 오느냐면 전문가들이 오거나 뭐 농협, 기술센타, 아니면 또 그쪽에 있는 공무원들이 직접 가서 수리를 하든지, 농협직원들이 가서 수리하든지 이렇게 해야 되거든요. 북의 어떤 상황이나 환경이 농업기술자들이 자주 들어갈 수가 없는데 최첨단화, 최첨단화되어 있는 기계들이 간다고 해서 도움이 되느냐. 저희가 생각을 했던 게 약간의 기계식이 좋겠다. 남측이 쓰지 않는, 사용하지 않는 예전 기계들 같은 거죠. 콤바인 같은 것이 들어가서 하다가 고장이 나버리면 방법이 없는 거잖아요. 이게 현실인데, 이 현실에서 콤바인이 모든 것들을 해결하게끔 해버리면, 이 사람들이 감당을 못할 수도 있다. 그래서 기계식을 보낸 거지예. 정 안 되면 부속을 빼서 요롷게 가면 돼. 이 사람들이 생각보다 기술자들이 많아요. 선박기술이 우리보다 훨씬 뛰어나잖아요. 그 당시에 거기에 있던 사람들이 협동농장 쪽에 들어온 사람들이 많더라고 손기술이 상당히 좋아요. 이 정도는 자기들끼리 수리해서 얼마든지 쓸 수 있고, 또 필요한 자재들은 저희들이 따로 좀 보냈던 게 있거든요. 그렇게 했던 겁니다.

• 북측의 육묘 관리와 시설 유지

이앙기나 트랙터, 관리기 등 농기계 지원을 많이 했는데, 관리하는 북측은 어땠나요? 농기계 지원뿐만이 아니고, 거름이라든가 비료라든가 육묘 관리와 시설 유지에 필요한 것들을 같이 지원했습니까?

네, 관리기는 주로 밭에서 골을 타는 거고. 사실 중고거든예. 중고를 조금 수리해서 새것처럼 만들어서 보냈던 것이고. 너무 중고를 보내면 자기들도 입장이 있잖아요. 트랙터 같은 경우는 우리 쪽 트랙터들이 북쪽보다는 훨씬 좋습니다. 왜냐하면 북쪽은 밭작물을 중심으로 하고 있더라고예. 거기는 '뜨락또르'라고 그러는데, 러시아에서 주로 받아가지고, 밭 농사에는 좋은데 논에만 들어가버리면 힘을 못 쓰잖아요. 남측 트랙터들은 얼마든지 들어갈 수 있기 때문에. 우리 방식으로 모내기를 할 수 있게끔 농업 기계들을 충분히 공급했던 겁니다. 육묘가 되기 위해서는 기본적으로 자재들이 따라가야 되잖아예. 상토들이 다 들어가야 되고, 비료 이런 것들이 들어가야 하는 상황이기 때문에 들어갔고. 제일 중요하게 생각했던 게 뭐냐면 물자만 준다고 해서 되는 문제가 아니다. 남측에서 농기계를 운영하는 분이 들어가서 시범을 보인 거지예. 이 분이 경남통일농업협력회 이춘수 이사인데, 합천에 있는 농기계센터를 운영합니다. 본인이 직접 작업복을 입고 가서 한 번 해보게 하고, 그 다음에 기계도 다시 한 번 조립하게 하고. 그래서 간단한 수리들은 북측 사람들이 할 수 있게끔 교육하고, 함께 더불어서 진행을 했던 거죠. 일부러 이렇게 쟁기도 달아보고, 논을 갈 때 기계도 바꿔 보고, 이런 작업들을 사전에 진행했던 겁니다. 농기계의 연장선에 있는 거고예. 그 기계 작동하는 거, 아까 말씀드렸던 '뜨락또르'입니다. 밭을 갈고 뭐 이런 거는 좋아예. 짐도 많이 싣고 다닐 수 있고. 다 좋은데, 문제는 여기(논)에 들어가면 맥을 못춰요. 그래서 이제 우리는 주로 논밭을 갈고, 물을 대고 나서 또 논을 갈고, 이런 게 주목적이잖아요. 물론 이동도 있긴 하지만, 요즘 트랙터를 가지고 뭘 싣고 다니고 이런 건 아니잖아요. 그런데 북한은 이동수단이 중요한 겁니다. 물건을 가져가는데 뒤에 또 달아가지고 가죠. 우리도 옛날에 뒤에 뭘 달아가지고 다니고 했잖아요. 논에 들어가서 뭘 하는 정도는 아닙니다. 논에 들어가 버리면 맥을 못 춰요. 기계가 가서 사람이 해야 될 일의 몇 배를 해버리니, 그것이 결국은 사람들한테 여유를 주는 거지예. 그 여유가 있으면 뭘 하겠습니까. 다른 걸 찾게 되지예. 원래는 사람이 붙어서 땅을 팔 때도 사람들 다 붙어 있잖아요. 이런 작업을 삽 가지고 하든지 재래식으로 해야 되는데, 그렇게 하면 분명히 사람이 따라붙을 수밖에 없다는 거죠. 기계가 그 사람들 역할

사진 4　이앙기 모내기 시범

2006년 5월 14일, 이앙기로 모내기 시범을 북측 관계자들에게 보여주고 있는 경통협 이상화 이사와 김진식, 박해판 회원.

사진 5 바인더 기계사용 설명

2006년 10월 23일, 남측에서 방북한 경통협 이춘수 이사가 벼 수확을 위한 바인더 작동 방법을 북측 관계자와 인민들에게 설명하고 있다.

을 대신하니 남는 유휴인력들은 다른 일을 할 수 있는 거죠. 그 다른 일이라는 것이 이제 채소재배를 한 번 더 훑어보게 되고, 채소재배도 보니까 육묘에서 키워서, 모종 키워서 나온 작업, 그 농사 잘 되거든예. 먹어보면 맛있거든, "야, 이거 밖에 가서 팔면 안 되겠나?" 나눠먹다가 "나눠 먹지 말고 이거 한 번 팔자." 분명히 그랬을 거고. 팔다보면 뭐가 생길 거잖아요? 이윤이, 그 이윤을 갖고 뭐하겠냐고. 이게 집단체제니까 "우리 마을에서 뭔가 하자." 이렇게 나올 거라고. 그런데 할만 한 게 특별한 게 없잖아요. "집안, 우리 집들 한 번 고쳐보자." 그렇게 해서 행동으로 옮겨지는 거지예.

• 북측으로 보내는 딸기 모종과 육묘장 재배 과정

딸기는 키우는 시기가 딱 정해져 있습니다. 남쪽 같은 경우는 보통 자가 영농을 하는데요. 모주를 심어놔야 합니다. 심어놓으면 여기에서 모종을 받는데, 3월이나 4월 정도에 모주를 증식합니다. 4월로 보면 4월에서 5월, 6월, 7월, 8월, 9월 되면 한 5개월 정도, 5~6개월 정도만 키우면 다시 남쪽으로 갖고 와버려요. 더 이상 여기에서는 역할을 할 게 없습니다. 아니면 이 사람들이 그걸 가지고 딸기를 직접 재배해야 하는데, 이 온실에서 3월에서 한 9월까지만 딸기를 재배하고 남는 기간은 다른 작물을 재배하면 됩니다. 다른 품목을 육묘를 또 하면 되는 거지예. 딸기만 놓고 보면 북쪽은 도움이 되지 않는 건데요. 우리가 모주를 가져가서 모종으로 증식을 하는데 증식된 모종을 다시 남쪽으로 가져가버리기 때문에, 북쪽의 입장에서는 "그러면 우리는 뭐야?" 이렇게 되는 거지예. 이걸 길게 보면, 우리가 필요한 시간은 한 6개월, 나머지 6개월 동안은 다른 작물을 여기에서 키울 수가 있는 거지예. 북쪽은 이런 남새 온실을 통해서 딸기를 해보면서 서서히 딸기재배까지 할 수 있는 그런 계기가 또 마련이 되는 거고. 나머지 작물은 고추, 토마토, 배추, 상추 이런 것을 재배했지예. 토마토 굵기가 남쪽하고 거의 차이가 없고 오히려 더 좋으면 좋았을 거 같애요. 왜냐면 그게 물에 스펀지 하나 툭 던져놓으면 물을 쭉 빨아먹잖아요. 쉽게 말해서 이 땅이 비료를 많이 줘가지고 한다, 비료가 얼마나 가 있겠습니까. 토양이 아직 살아있는 거지예. 거기에다가 퇴비 좀 들어가고 비료 좀 들어가니까 영양분이 그대로 공급이 되는 겁니다. 작물들이 쑥쑥쑥 나오는 거죠. 북측 입장에서 봤을 때는 재배시설, 비닐하우스 이런 게 더 중요할 수 있겠죠. 온실이라는 것이 겨울에도 재배가 될 수 있지만, 여름이라도 비가 많이 오잖아요. 비가 많이 오면 이게 살아있겠습니까? 밖에 심어놔도, 당연히 힘들어질 수밖에 없는 거지예. 비가 오면 안에서 재배해서 나온다, 그거만 해도 괜찮은 데다가 남새 재배 자체가 2006년, 2007년, 2008년 이럴 때이니까 그렇게 많지 않았잖아요. 흔하지 않았던 상황이니까 이것이 차지하는 그 가치는 상당하지예.

4. 삼석구역 딸기 농사와 천동국영농장 볍씨지원사업

• 삼석구역 딸기 농사와 천동국영농장 지원

삼석구역에서[2] 진행한 사업은 무엇이었습니까? 천동국영농장도[3] 지원을 했는데, 기록을 보면 장교리에서 천동으로 넘어가잖아요? 이런 사업을 할 때 북측에

---

2   평양직할시 19개 구역 중 하나로 평양시 북동쪽에 위치한다.

3   평양시 순안구역에 위치한 국영농장이다.

그런데 그 중간에 뭐가 있었냐 하면 삼석구역이 있었습니다. 장교리협동농장에 2008년 초에 들어가니 이야기를 하더라고요. "더 이상 장교리에서는 지원사업을 할 수가 없다." 우리가 1년 동안은 좀 많이 싸웠어요. 왜냐하면 2006년, 7년, 8년, 이제 3년이 되는데 그동안 제대로 된 육묘장 방식으로 농사를 하게 하고, 그 다음에 남새 온실에서도 나름대로 성과를 내고 있는데, 갑자기 혹 빠져버리면 곤란하잖아요. 예를 들어서 벼농사의 경우는 모판을 어떻게 할 수 있는 방법이 없는 거잖아요. 우리가 지원하지 않으면 안 되는 거단 말이지예. "지금 이 상태에서 빠지면 차라리 안 하는 것보다 못하다." "지금은 빠질 수가 없고, 만약에 우리가 못 들어온다고 그러면 물자라도 보내야 된다." 북쪽에 기관에 계신 분들을 설득했어요. 쉽지는 않았는데. 우리가 했던 게 일본산 비닐. 그 당시는 일산 비닐이 상당히 오래 쓸 수 있었습니다. 요즘은 국산도 오래 쓰는 게 나오는데. 한 5년에서 10년 정도 쓸 수 있는 일산 비닐을 보내고. 그 다음에 벼 모판을 흙으로 했잖아요, 흙으로도 할 수 있기 때문에 그 피에이치(PH)측정기 같은 것을 보내서 우리가 빠지는 것들에 대비하게 했고. 그 다음에 인분차 같은 것도 보내서 퇴비 문제를 극복해야 되는 거잖아요. 평양하고 장교리가 가까우니까 인분차를 또 활용해서 퇴비화시킬 수 있는 방법들을 고민해서 사업을 진행하고. 부속들도 농기계 부속, 간단한 부속들은 저희들이 미리 보내서 대비했던 거지예. 그리고 난 후에 장교리에서 2008년도에 나옵니다. 2008년 1월인데, 일을 딱 들어가니 북측에서 바로 이야기를 하더라고요. "더 이상 경통협은 여기에 올 수가 없다." 이 이야기를 하더라고요. 경통협에서 "야, 이거 안 된다. 이거 큰 일 난다." 왜냐면 이 시스템, 육묘장 시스템으로 농사를 하고 있는데 이

것을 하루아침에 놔버리면, 그럼 육묘장에서 모내기를 하기 위해서는 모판도 키우고 해야 하는데, 이것을 하루아침에 어떻게 그만둘 수 가 있으냐, 저희들이 싸웠던 게 "한 해는 우리가 못 들어온다면 물자라도 보내겠다." 물자만 마지막으로 보내는 상황이 됩니다. 그 다음에 들어갔던 곳이 삼석구역인데, 삼석구역에서 딸기까지 재배했어요. 소량으로 하고 있는데 삼석구역이 북쪽에서 공장지대로 개발이 되는 상황이었습니다. 우리가 그때 삼석구역에서 농사를 짓고 있었고, 또 하나는 삼석구역에서 콩우유공장을 지으려고 했는데 짓지 못하고 낙랑구역으로 장소를 옮기는 상황이 됐습니다. 삼석구역에 갔다가 삼석구역에서 안 돼서 어쩔 수 없이 천동국영농장으로 다시 옮기게 됩니다. 2008년도가 제일 아쉬워요. 마무리를 제대로 하지 못하고 나오는 상황이 되다보니. 삼석국영농장으로 저희들이 장소를 옮겼는데, 바로 옮기고 나서 삼석국영농장이 또 개발이 되어 버리는 바람에 천동국영농장으로 다시 옮기게 되거든요. 남북관계는 2010년 5.24조치로[4] 인해 단절이 되는 거라서, 2008년의 상황들이 경통협에는 아프게 다가오는 거고. 그때 만약에 2008년도까지만 안정적으로 진행이 되고, 그 다음에 천동국영농장에서 4~5년 정도 연계가 되었더라면 장교리에서 3년, 천동리에서 4~5년, 생산 기록을 가지고 얼마든지 우리 방식으로 뭔가 데이터를 만들어서, 어떤 방식이 맞는지 만들어 낼 수 있었지도 않나, 그런 생각이 들어요. 요즘 좀 많이 아쉬워요. 장교리에서 나와 가지고 삼석으로 잠시 갈 때입니다. 갈 데가 없으니까 삼석에는 땅이 넓기는 한데, 시설들이 잘 안 되어 있잖아요. 딸기는 시설이 중요하기 때문에 다른 데 갈 수도 없고 그래서 자기들이 사용하던 곳

4　2010년 3월 26일 천안함 피격사건에 대한 이명박 정부의 대북 제재조치를 말한다. 남북교역이 중단됐고, 인도적 목적이라고 해도 정부와 사전 협의를 하지 않으면 대북지원을 할 수 없게 되었다.

에서 딸기를 좀 키워서, 잠시 키웠어요. 그걸 받아서 경통협이 무슨 고민을 했냐면, 과수를 한 번 해봐야 되겠다. 왜냐면 지구온난화 때문에 계속 재배지역이 북상, 위로 올라가고 있잖아요. 경남은 사과도 많이 하고 배도 많이 하고, 거창사과, 하동배를 그때 식재해서 농사를 해보려고 했는데 결국에 심어놨다가 다시 개발되는 바람에 천동국영농장으로 옮겨가지고 많이 아쉬웠어요. 2011년도 2012년도에 장교리에서 벼 종자를 가지고 나름대로 성과를 내고 그때만 해도 남북관계가 단절이 되는 그런 시기이긴 했는데, 벼종자를 가지고 한번 북한과 농업협력사업을 재개를 해보자라는 경상남도 도지사의 의지가 있었어요. 저희들이 140톤 정도를 2년 동안 생산했다가 결국 북으로 보내지 못하고 매각처리를 했죠. 볍씨 1톤이면 50,000평에 심을 수 있어요. 요것만 있으면 오만 평 농사를 할 수 있다. 그럼 140톤이면, 근 칠백만 평의 농사를 할 수 있는, 이게 엄청난 양입니다. 이 농사를 남쪽에는 몇 농가가 하느냐면 몇 농가 안 하고 해버려요. 실제로는 양이 많지 않습니다. 벼종자를 북으로 보내는 사업은 앞으로 남북관계가 어떻게 전개될지 모르겠습니다만, 식량지원에 대한 거부감을 갖고 있는 사람들에게는 대안으로 볼 수 있죠. 앞으로 통일부에서도 벼종자와 관련해서 한 번 검토를 해볼 필요가 있다. 왜냐면 벼농사는 농민들이 하는 거잖아요. 각 지역에 있는 농민들이 계약 재배를 해서, 계약해서 농사하고 생산된 그 종자를 북으로 보내는 거지예. 그러면 쌀로 보내는 거나, 나락으로 보내는 거나 큰 차이는 안 나는 거잖아요. 일반 사람들의 느낌, 국민들의 느낌은 쌀이 북측으로 간다고 하면 왠지 퍼주는 거 같은 느낌이 들고, 벼 종자로 간다 하면 그런 느낌은 들지 않잖아요. 지원하는 느낌이 들잖아요. 그래서 오히려 그걸 역이용을 해서 벼농사도, 쌀 지원도 상당히 의미가 있지만, 벼 종자 지원에 대한 부분을 대안으로 마련하는 것은 괜찮겠다라는 생각이 들어요

• 벼 종자 생산과 북측 지원

2011년, 2012년에는 벼 종자를 보내기 위해서 벼 종자를 생산하였는데, 생산된 벼 종자가 북측에 전달되었습니까? 그때가 2010년 5.24조치가 나온 이후니까 이명박 정부잖아요?

팔다리 막 자르고 할 때입니다. 협력사업을 하지마라는 쪽으로 유도하는 상황이었어요. 그런데 우리는 그 당시에 경남의 입장이 뭐였냐면, 저희들도 그랬고, 우리가 시작한 일이잖아요. 경상남도 조례안, 도의원들이 조례를 만든 거잖아, 물론 도가 했지만, 의결은 자기네들이 했기 때문에 자기가 책임, 무한책임이 있는 거잖아요. 자기들이 하자고 일을 해놓고, 또 2006년부터 2010년까지 긴 시간 동안 도의원들이 방북하고 다 했잖아요. 그러고 "이 사업 해야 된다"라고 이야기를 했고. 그런데 하루아침에, 물론 우리 국민의 한 사람 한 사람의 안타까운 목숨도 중요하지만, 그렇다고 해서 모든 것들을 단절해서야 되겠는가. 그거는 맞지 않다. 그런 입장이었고. 벼 종자를, 경남에서 생산되는 벼 종자를 북쪽으로 지원하면 북쪽의 농민들이 식량난에 조금이나마 보탬이 될 수 있지 않느냐. 해소하는 데 있어서 조금이나마 보탬이 될 수 있지 않느냐. 측면에서 볍씨지원사업 진행했었고. 그때 기억에 140톤을 생산해서 보관했죠. 1톤이면 50,000평 농사를 합니다. 어마어마하지예. 문재인 정부가 지원사업 관련해가지고 쌀 보내려고 그렇게 애를 써도 잘 안 되잖아요. 북측 자존심도 있고. 안 받겠다 하는데, 50만 톤 보내겠다는데 죽어도 안 받겠다. 안 받겠다 하고 있잖아요. 우리는 그 당시에 판단을 했어요. 자존심을 건드리지 말고, 농민도 힘들잖아요. 우리 농민도 힘들어요. 그러면 일정량을 농민들 하고 계약해서 우리도 가격을 조금 높게 책정해서 구입하고. 그 생산하는 벼 종자를 북으로 보내고. 그러면 북에 있는 주민들이, 우리가 보낸 벼 종자는 다른 그 볍씨랑 섞이지는 않았을 거 아닙니까. 당연히 좋을 수밖에 없는 거지예. 그 식량난에 있어서 어려운 사람들이 뭐 볍씨가 섞이는 것들 예상을 할 수밖에 없는 것이거든요. 워낙 조건이 좋지 못하기 때문에. 그런데 섞이지 않는, 또 다 수확할 수 있는 우량품종들을 선정해서 보내면 북쪽에 있는 분들이 좋지 않다고 어떻게 하겠냐라는 거에요. 무조건 좋다고 할 수밖에 없다, 라는 거지. 저희들이 설득을 2년 동안, 정말로 설득을 많이 했는데, 통일부에 안 되더라고요. 그래서, 마지막 2년을 딱 버티고 이제 더 이상은 버틸 수가 없어요. 왜냐하면 발아율이 자꾸 떨어집니다. 많이 떨어집니다. 해서 두 번째, 둘째 해를 넘기면서 도에서도 요구가 있고, 매각을 해야되겠다 해서 결국은 매각을 했었지요. 경통협 입장에서 보면 그때 그 사업이 제일 안타까웠어요. 볍씨는 일부, 우리가 100% 다 가져갈 수는 없었고. 2006년 조금 2007년 조금, 2008년도 조금 가지고 갔는데. 그때 기억나는 게 삼덕벼라고 경남에서 많이 합니다. 지금은 많이 하지 않는데. 삼덕벼라고 세 가지 덕이 있다. 그래서 삼덕이라 그러거든예. 병충해에 강하고 밥맛이 좋고 양이 많고. 그래서 삼덕이라고 그러거든요. 삼덕벼를 가져갔는데, 사람들이 평양 날씨가 경기도랑 비슷하잖아예. 접경지역이 경기도고 하니까. 경기도 오대벼 이런 거 하면 안 되나, 이런 이야기를 많이 했던 거 같아예. 그런데 크게 기온 차가 그렇게 많다라고 느끼지는 않았던 거 같아요. 그래서 삼덕벼를 시범적으로 한 번 해봤는데, 소출이 상당히 많았어요. 그 이후에는 삼덕벼를 많이 보냈습니다. 2006년부터 2008년과 같은 상황이 계속되고 남쪽의 볍씨들이 계속 올라갈 수 있었다면 아마 지금쯤이면 볍씨들이 우리쪽으로 많이 안 바뀌었겠나, 우리 품종으로 많이 바뀌지 않았겠나라는 생각을 많이 하게 됩니다. 상당히 아쉬워요. 정말로 아쉬운 사업입니다.

5. 통일딸기 사업, 우리 모두의 것

• 남북한이 통일딸기를 생산하는 방식

농업협력사업의 대표적인 사업이 통일딸기 사업인데요. 모주를 북측에 보내고 남측에서 모종을 받아서 딸기를 생산하는 방식으로 하고 있는 겁니까? 이런 방식을 어떻게 생각하시게 된 거죠? 통일딸기가 처음 생산됐을 때 가격은 어땠습니까? 통일딸기 생산되고 판매했을 때 분위기, 그냥 통일딸기라고 해서 판매하지 않습니까?

도(道)가 있잖아요. 경통협이 지원사업을 할 수 있는 십억, 이십억을 자비로 할 수 있으면, 우리가 그런 고민을 할 필요가 없는 거잖아요. 어떻든 경남도민들의 세금이 쓰여지는 부분들이고, 그렇게 되면 우리에게 무엇이 도움이 될 건가에 대한 고민을 안 할 수가 없는 거죠. 특히 농민의 입장에서 보면 더 한 거고. 그래서 경남도가 그 당시에 고민을 많이 했었죠. 어떻게 하면 서로 윈-윈(win-win)할 수 있는 사업을 할까 하고. 오히려 제가 볼 때는 통일부보다 더 나았던 거 같애요. 그 당시에 경남이 그런 고민들을 자기들이 해오고 있었으니. 그런데 서로 윈-윈 할 수 있는 사업이란 것이 사실 대북지원과 관련한 건 존재할 수가 없습니다. 인도지원사업을 하면서 윈-윈하겠다. 인도지원사업은 주는 것이 끝나는 상태가 되어야 되는 거잖아요? 그게 순수한 인도지원사업이지. 어떤 목적을 가지고 간다? 그건 인도지원사업이 아니지예. 목적사업이 돼야 되는 거고. 그래서 저희들이 그때 경상남도의 요구도 있고 어떻게 하면 남쪽에 있는, 경남에 있는 농민들, 도민들이 이 사업을 남북교류협력과 관련해서 긍정적인 마음을 가져갈 수 있을까, 생각하다가 "좋다. 그러면 경남에 딸기를 많이 키우니 딸기 모종을 북에서 가지고 내려오자."
"아, 좋다. 그러면 딸기를 키워서 가지고 내려오자." 왜냐하면 경통협 성원들이 대부분 농사를 짓고 있기 때문에 그런 부분에 대한 이해가 상당히 높고, 또 경험들이 많으니까. 그렇게 고민이 됐던 거고요. 이렇게 해서 이 사업이 진행된 거고. 냉정하게 통일딸기만 놓고 보면 북측이 남쪽에 해주는 인도지원사업일지 모른다라는 생각이 들어요. 그러니깐 우리는 무작정 북한 사회, 또 북측이라는 곳이 늘 받기만 하는 곳인 줄 알고 있잖아요. 또 그렇게 생각하고 지원사업을 하고 있는데. 이제 그 시대를 뛰어넘어야 될 것 같아요. 왜냐하면 남쪽이 한계가 와버렸어요. 시장도 자꾸 작아지고 있고, 일단 사람이 없잖아요. 거기다가 기후가 우리가 생각했던 거 이상으로 고온 현상들이 일어나고 있고, 병충해도 이상한 것들이 많은 상황이고. 어쩌면 북을 활용하고 이용하지 않으면 우리 농민들도 미래가 불투명한 상황들로 부닥칠 수도 있다, 라는 거지예. 저는 통일딸기 박스 하나를 못 받았어요. 저한테까지 올 게 없더라고요. 밭에서 먹어야 돼지. 저걸 안 주더라고요. 느낌들이 그랬었어요. "우와 이게…. 야, 이제 진짜 통일이 되는구나. 이게 통일이구나." 이런 생각을 저는 정말로 했었어요. 아마 경남에 있는 많은 사람들이 저 딸기를 보면서 "와, 이제 진짜 되는 거 같다. 뭔가 될 거 같다." 제가 다녀보면 지금도 딸기 이야기하는 분들이 많아요. 제 친구가 운영하는 호프집을 갔더랬습니다. 갔더니 지나가는 분이 저를 자꾸 처다봐요. 왜냐하면 제가 입고 있는 옷이 경통협에서 제작해서 입은, 개성공단에서 만든 옷이거든요. 이걸 입고 들어가는 것을 보셨던 거 같애. 자기도 일행하고 같이 들어왔어요. 제가 앉아서 친구랑 얘기하고 있는데 "아, 통일딸기 하시는 분 아니냐?"고 그러더라고. 제가 면식이 전혀 없는 사람인데 "우째 아십니까?" 이렇게 했더니 "아, 그거 방송에서 한번 봤다"고, "뉴스에 한 번 봤다"고. 십 몇 년이 지났는데 아직도 기억하는 분들 꽤 많아요. 그 정도로 통일딸기는 특히 보수적인 성향을 갖고 있는 지역에서도 상당히 호평이 됐던 사업이었던 거 같아요. 그때 시범사업이었지예. 왜냐면 이게 고민이 많았었어요. 경남 도민의 세금으로 북측에 지원했다가 다시 가지고 내려온 것을 농민들한테 무상으로 이렇게 나눠드렸는데 그걸 다시 판매하는 상황이 되니. 이걸 하는 게 맞는지, 또 한다면 이거 어떻게 해야 될 지. 이런 여러 가지 고민이 많았는데 어떻든, "경제사업으로 나아가야 결국은 이 사업이 앞으로 정상궤도에 나아질 수가 있다, 갈 수가 있다" 이런 생각을 했어요. 롯데백화점하고 대동백화점인가, 하여튼 롯데백화점으로 기억나는데, 거기도 했고 또 농협 공판장에서도 판매했고. 딸기는 없어서 못 팔았지. 농장이 크지는 않습니다. 우리가 직접 갖고 있는 농장이면 마음대로 농사를 하지만 한 두세 비닐하우스 정도 되는 곳에서 나오는 양이 그렇게 많지는 않습니다. 판매를 하려면 생산량이 뒷받침돼야 하는데 우리는 체험도 해야 되고, 또 어디 좋은 일에 물건도 보내고 해야되는데, 지속적으로 담보할 수가 없겠더라고예. 그래서 좀 아쉬웠는데, 어떻든 그때가 그래도 호시절이었던 거 같아요. 지금은 뭐 딸기를 가지고 올 수가 없으니….

• 통일딸기 사업의 경과

통일딸기 사업은 몇 년간 지속했습니까? 모주를 북측에 보내고 거기서 키운 모종을 다시 받아서 생산하는 방식은 천안함 사건 이후에 중단되었지 않습니까?

2006년부터 2011년도까지 통일딸기 사업을 진행합니다. 2010년 5.24조치는 5월 24일 이잖아요. 딸기는 2011년 9월달에 북측에서 저희한테 내려와요. 그러면 5.24조치 때문에 내려올 수 있겠습니까? 없겠습니까? 정부의 조치대로 하면 못 내려와야 정상이지예. 그런데 내려왔어요. 그때

논리가 뭐냐면, 5월 24일 전에 모종이 갔기 때문에 내려온다. 이게 당시 통일부의 이상한 논리였어요. 저는 그때는 되고, 2012년도는 왜 안 되냐는 거죠. 그 논리대로 할 것 같으면, 우리는 2010년 5.24조치 이전에 이미 북측하고 합의했고, 그 합의에 따라서 계속 지속적인 사업을 하고 있는데, 왜 안 되냐는 거죠. 그 웃기는 거잖아요? 2010년 5.24조치 때문에 못 가야 정상인데. 오지 못하는 것이 정상인데 받는 거는 받을 수 있고, 그러면 그 다음에 합의돼서, 그 앞에 합의해서 간 건 왜 안 되냐는 거지. 그런 일들이 있었어요. 2011년도까지가 마지막이고. 2012년, 2013년 그래도 우리는 계속 모종을, 모주를 키웠습니다. 왜 그러냐면 5.24조치라는 것이 저렇게 오래 버틸 줄은 몰랐어요. 조금 완화 내지 끝나지 않을까 했죠. 이게 조치라, 조치잖아요, 이게 무슨 법령이 아니잖아예. 그래서 이건 얼마든지 할 수 있을 것이다 생각하고 2011년 이후에도 계속하다가 2014년에 또 북으로 딸기 모주를 보냅니다. 통일부에서 반출 승인을 해줘요. 그때는 저희들이 정말 화가 났어요. 언제 승인을 했냐 하면 5월달에 승인했습니다. 4월에 가야 될 모주를 5월에 승인을 내줘서 그것까지는 좋아요. 인제 대련으로 통해서 들어갔습니다. 북에서 얼마나 많이 팩스가 왔냐 하면 "개성에서 만나자", "심양에서 만나자" 계속 연락이 와요. 왜 연락이 왔겠습니까? 당연한 거지. 5월달, 그 더운데 컨테이너에 딸기 모주가 들어가가지고 북으로 갔으니 그걸 살리기 위해서 그쪽에 있는 농민들이 얼마나 노력을 했겠냐고. 그러면, 우리를 만나자고 하는 이유가 뭐겠습니까? 병이 들었으니 농약이라도 어떻게 처방해서 해보자, 살려 보자라는 이야기를 우리한테 한 거거든요. 그러니까 통일부가 뭐라 했냐면 "물자는 평양으로 갔는데 왜 평양으로 가지 않고 심양에서 만나냐?"라는 거죠. 그게 말이 되냐고. 그래서 결국은 북에서 팩스가 날라옵니다. 2014년에. "병충해가 들어서 남쪽으로 가져갈 수 없는 상황이라서 소각처리를 한다."라고 팩스가 와요. 그런데 소각처리는 할 필요가 없거든요. 왜냐하면 그냥 버리면 되는 건데. 그 사람들이 최대한 우리를 존중해줬던 거 같애요. 우리가 정상적으로 남북관계가 좋았을 때 2009년도인가, 그때 바이러스 때문에 폐기를 당합니다. 그 식물검역에서 걸려가지고 폐기처분을 하는데 폐기처분을 할 때는 소각을 하게, 행정 절차가 그렇게 진행되거든요. 그 결과를 우리는 통보를 해줘야 되잖아요. 북에다가. 그래서 우리가 통보해줬던 그 내용을 그대로 받아가지고 2014년에 북에서 "소각처리했다."라는 내용으로 우리한테 보내옵니다. 2014년 이후 통일딸기는 중단이 된 거지예.

6. 통일딸기 사업과 남북교류협력의 중요성

• 2019년 문재인 대통령이 신년사에서 언급한 통일딸기 사업

여기 현장이 딸기체험농장이라고 얘기하셨고, 이게 결국은 통일딸기와 직접 관련된 것이죠. 여기서 육묘장을 건설하는 거지 않습니까? 현재 진행되고 있는 딸기농장, 체험농장, 이 건립사업에 대해서 말씀해 주시죠. 2018년 9월 평양에서 열린 정상회담에서 김정은 국무위원장이 그리고 2019년 문재인 대통령이 신년 기자회견에서 통일딸기 사업을 언급한 적이 있지 않습니까? 남북교류협력 관련해서 특정한 사업을 언급한 것은 비전도 있고, 사업 재기에 대한 희망을 품게 만들었는데, 현재 상황은 그러지 못하는 거지요?

저희들이 남북관계가 좋든 좋지 못하든 계속 딸기 모주를 준비를 해야 되고, 또 그렇게 하지 않으면 결국은 협력사업을 진행할 수 없는 게 농업의 특성이거든요. 통일딸기 모주를 지속적으로 준비하기 위해서라도 이 공간이 필요한 거고, 그 다음에는 어쩌면 남과 북의 농민들이 서로서로 협력해서 또 상징적인 결과물을 만들어 낸다는 것이 쉬운 일은 아니잖아요? 요즘같이 이렇게 남북관계가 정세의 변화에 따라서 요동치고 할 때 이럴 때는 꾸준함이 필요할 거 같애요. 남북한이 서로 협력해야 된다라는 그런 공감대가 제일 중요할 거 같애요. 그런 역할들이 중요할 거 같고. 그간 진행했던 남북교류 협력사업의 상징적인 의미의 딸기를, 이제 실질적인 평화통일교육의 어떤 현장을 하나 만들어 보자라는 경통협 성원들의 의지와 마음이 담겨 있는 것이고, 그 다음에는 북에서 딸기 모종을 키워서 남쪽으로 가지고 내려오는 것에 만족해서는 안 되겠다. 어쩌면 북에서 딸기재배도 할 수 있는 시대이지 않나, 라는 생각을 2014년 이후부터 하게 됩니다. 2014년 이후부터 북쪽에서 딸기 농사를 해보려고 하는 팀들을 좀 만났습니다. 해외동포를 통해서 2016년, 2017년도에는 제대로 농사를 지을 수 있는 그런 기반도 마련이 됐었고, 시범 생산까지 했습니다. 이 농장이 단순하게 남북교류협력사업의 상징적인 의미, 교육장으로서 어떤 의미, 이런 것을 넘어서서 경제협력사업으로서 농업협력사업을 준비하는 공간으로 활용되어야 할 것 같고, 남북관계가 좋지 못하면 결국엔 양쪽 당사자들이 들어갈 수가 없는 거잖아요. 북쪽에 들어갈 수 있는 사람들이 과연 없을까? 해외동포들을 초빙해서, 많이 들어올 수는 없으니, 딸기재배를 하면서 그들과 같이 공부하는 거지. 딸기재배 하게하고, 기술을 습득하게 하고, 그분들이 다시 들어가서 북에서 또 계속적인 지원을 할 수 있도록 그런 의미들도 이렇게 담겨 있다고 보시면 됩니다. 어떻든 통일부의 입장도 좀 변하기는 변했습니다. 통일부가 안 하겠다라는 건 아닌 거 같아예. 하겠다라는 의지는 가지고 있는 것 같고. 문제는 아까 말씀드린 것처럼 남측이 필요할 때 하다가, 그냥 일방적으로 우리가 손을 놓은 거잖아요. 그러면 농민의 입장에서 보면 북쪽에 있는 농민들은 우리랑 일을 하고 싶어 하겠냐는 거죠. 아마 제가 생각해도 북쪽에 있었던 장교리협동농장도 마찬가지고, 천동농장도 마찬가지고, 우리가 다시 "농사하겠다."라고 했을 때 "아, 이제 됐다."라고 할 것 같애요. 왜냐면 그들도 자기 방식대로 농사를 하고 있는데, 이렇게 왔다 갔다 할 거 같으면 뭐 하려고 손을 벌리겠냐는 거지. 좋은 줄 아는데, 그 좋은 게 지속적이지 못하면 자기들도 하기 싫은 거지예. 북에 있는 사람들이 그렇게 안 하겠느냐는 거죠. 우리가 손을 내밀어서 지속적이지 못한 상황을, 마치 남측이 조장하는 거 아닌가, 저는 오히려 그런 마음이 드는 거죠. 이제는 좀 신중해야 된다. 이게 뭘 주고 안 주고의 문제가 아니라 그 사람들이 과연 원할까, 아니면 그들이 원하는 게 과연 뭘까를 고민하는, 그들이 원할 수밖에 없는 것을 어렵더라도 찾아서 가는 사업이 돼야 된다. 경통협은 우리 경험으로 보면 볍씨나 육묘의 중요성을 많이 절감하고 있습니다. 저희들이 장교리에서, 삼석에서, 천동으로 왔습니다. 2010년에 천동에서 관리 총책임을 맡고 있는 서기장이라는 분이 "야, 우리 남과 북측이 힘을 합쳐서 세계 최고의 제품을 만들어서 세계 최고의 슈퍼에 함 팔아봅시다." 이렇게 이야기를 하더라고. 말을 듣고 보니까 세계 최고의 품질까지는 이해가 되는데, 세계 최고의 시장에서 팔자는 건 뭘 거 같아예? 중국 얘기하는 거구나! 자기 옆에는 세계 최고의 시장, 슈퍼가 바로 옆에 있으니까, 여기서 생산만 하면 세계 최고의 딸기만 만들어주면 돈 한 번 벌어보자. 그 이야기를 한 겁니다. 경통협이 하고 싶었던 이야기를 이분이 2010년에 직접 하셨어요. 이게 얼마나 큰 변화입니까? 경통협이 남쪽에서 이런 농사를 했다는 것들을 분명히 알고 있을 거고. 기대를 가지고 여기 들어왔던 거죠.

사진 6 2010년 2월, 경통협 방북단이 천동국영농장을 방문해 북측 농장의 통일딸기 책임자와 만나는 장면

전강석 회장, 강신원 이사, 조현근 이사, 손태민 운영위원, 권문수 사무총장(사진 오른편) 이날 북측 책임자는 "우리 곁에는 세계 최고의 슈퍼가 있으니 세계 최고의 딸기를 생산해서 우리 함께 잘살아 봅시다"라고 말했다.

7. 장교리소학교 시설 개선과 '꿈이 열리는 종이나무'사업 그리고 콩우유공장 건립

• 평양 장교리소학교 리모델링 지원

2007년부터 평양 장교리소학교 리모델링 사업을 하지 않았습니까? 신축도 있었고, 리모델링도 있었고. 이 사업은 협동농장에서 진행한 농업 분야 협력과 관련된 것이었습니까? 이 사업의 자원을 확보하기 위해서 경남에서 모금을 했는데 약 190,000여 명의 시민이 참가한 것으로 들었습니다. 신축이나 리모델링을 했기 때문에 시설에 들어가는 건축자재부터, 교실에 들어가는 책걸상, 집기류 이런 부자재를 지원한 겁니까?

그게 인도적 지원이지예. 쉽게 말하면, 농사를 지원했잖아요. 지원이라는 것보다 같이 한 거지. 그들과 같이. 농사짓다가 좀 풍족해지면 뭘 하겠습니까? 그 다음을 고민하게 되죠. 주위를 둘러보게 되는데, 장교리 주민들이 생각보다 상당히 북쪽, 북한에 있는 주민들 다 착하잖아예. 우리하고 똑같은 마음이더라고요. 애들이 조금 더 좋은 조건에서 공부하게 하는 게 그 사람들의 소망이지예. 그런 소망들이 있으니 그것을 일부 요구하고. 그렇다고 대놓고 하지는 않지 그쪽 사람들이. 아이들이 따뜻하게 학교를 다녔으면 좋겠다. 이런 이야기를 들었지만 경상남도 예산이라는 것이 한정되어 있고, 도비로는 쓸 수가 없고. 도에서 지원하는 사업비는 계획대로 다 썼기 때문에. 그렇지만 그들이 원하는 건데 이거 정도는 해줘야 된다, 이런 합의가 모였지예. 방법을 찾았던 게 모금해서 하자. 통일부 기금도 일부 지원받았고. 모금을 통해서 장교리소학교 건립하고, 그다음에 일부는 리모델링을 진행했었지예. 이제 숫자가 좀 많이 늘어났던 이유가 학교 학생들이 아주 적극적으로 많이 동참했어요. 경상남도 교육청에서도 많은 도움을 주었고. 북한학교돕기 경남교육협의회라는 것이 만들어지고. 고영진 교육감으로 기억하는데, 그분도 북쪽 아이들한테 학교를 지원하는 사업이니 관심도 많았고, 경남도는 도대로 이게 도민 모금으로 진행하는데, 그렇다고 자기들이 나서서 할 수 있는 사업은 아니고, 해야 되는 상황인데, 어떻든 많은 공감대를 얻는 데 도움을 많이 받았던 거 같애예. 현물도 많이 받았죠. 고영진 교육감 말씀드렸는데,

북한학교돕기 경남교육협의회에 계신 분도 있고, 또 개별적으로 책걸상 같은 경우는 지원을 많이 받았고, ㈜ 이오스코리아에서도 지원을 받았던 거 같애요. 건축자재 같은 경우는 구입해서 가야 되는 상황이기 때문에 협찬을 받기는 쉽지 않았고예. 교육용 기자재 같은 경우는 지원을 많이 받았습니다. 경남지역 방북대표단이 2007년 평양에 갔잖아예. 도지사가 평양에 왔는데 그곳 장교리 지역에서 자기들이 요구하는 거 해주는 게 좋잖아예. 그때 장교리 주민들이 요구했던 것이, 애들이 좋은 학교에서 뛰놀고 공부하는 것이었어요. 학교가 오래됐잖아요. "학교를 좀 지어 달라." 그런데 예산이 없어요. 농업분야로 쓸 수 있는 예산밖에 없기 때문에. "어떻게 하면 좋겠노?" 약속은 또 북측하고 해야 되고 이래서. 도지사도 부담이 되고 하니까 자기가 학교를 하나 짓는데 이걸 모금운동으로 한 번 해보자. 도지사 자신이 하기는 부담스럽잖아요. 대신에 "경통협 너희가 좀 해라." 그렇게 해서 학교를 지을 수 있는 모임을 만들자 해가지고 '어깨동무추진단'을 만들고, 장교리소학교 건립을 지원하게 됩니다. 저희들이 이 사업을 맡아서 모금하고 캠페인을 해가지고 장교리소학교 공사하는데 직접 나섰지요. 이 소학교는 자금이 많이 들었어요. 왜 그러냐면 우리 방식으로 다 해버리면 좋은데, 그렇게 할 수가 없잖아요. 북쪽에 있는 인력도 동원해야 되고, 기계들은 북쪽에 있는 기계를 가지고 와야 되고. 더 큰 문제는 방식이, 우리 방식이랑 또 북쪽에서 짓는 건축방식이 좀 달라예. 거기서 비용이 추가되고 필요한 자재들이 바로바로 공급이 안 되잖아예. 남측에서 가지고 들어가야 되고 하니까, 비용은 좀 많이 들었죠. 우리가 모금을 한 십억 정도 해서 진행했고. 앞서 잠깐 말했지만, 2008년도에 북쪽에서 저희에게 나가라고 통보를 합니다. 장교리의 변화들이 있는데, 우리가 들어간 이후 소학교에 지원사업을 쭉 진행하면서, '경상남도 남북농업 교류협력사업'이 가정집에 대해서 뭘 지원하고 이런 게 잘 없습니다. 그러니까 집을 지으라고, 지원을 해본 적이 없기 때문에, 또 예산도 없고예. 농사하는 것만 해도 빠듯해서. 그런데 이 사람들이 비닐온실을 지어가지고 육묘장을 건립하고, 온실에서 채소를 재배하면서 돈을 번겁니다. 쉽게 말하면, 돈을 벌어서 그 돈으로 할게 없으니까 집을 고치는 거죠. 3월에는 위성사진으로 보면 집이 깔끔하게 정리가 됩니다. 그러니까 우리가 특별하게 뭘 해서가 아니라 농사를 자기 스스로 할 수 있게끔 지원만 해도 나머지는 자기들이 알아서, 사회변화는 가져올 수 있다 이거죠. 이 경험을 경통협이 장교리에서 했던 것이고 그 핵심이 바로 육묘장이다. 농업협력사업은 육묘장을 통해서 해야된다, 라고 저희들이 확신을 가지고 지금도 이야기하는 상황입니다.

• 꿈이 열리는 종이나무 사업

2011년부터 시작한 '꿈이 열리는 종이나무' 사업이라고 있는데요. 이 사업은 어떻게 기획하게 되었습니까? 헌 교과서 재활용사업과 관련이 있는 겁니까?

북한학교돕기 경남교육협의회가 장교리소학교 건립까지는 했다고 했잖아요. 그걸 하고 나서 남북관계가 좋지 못하니 또 단절의 시간이 옵니다. 경통협 입장에서 어떤 생각이 들었냐면 북쪽과 합의서를 작성하고 지속적으로 기자재를 공급하겠다고 약속했는데, 남북관계 때문에 그것을 하지 못하겠다라고 하는 건 말이 안 되는 거잖아요? 저희들이 수시로 교육감을 면담하고 했지만, 상황이 좋지 못하니까 대부분의 지원사업이 진행이 안 되었습니다. "좋다. 그러면 우리가 하자. 우리가 직접 학생들을 만나서라도 진행을 하자."라고 해서 학생들이 사용했던 교과서를 모아서 판매하고, 또 그 판매한 기금으로 북쪽에 지원사업을 하는 것으로 진행했던 겁니다. 교과서를 가지고 가는 것은 아니고예. 교과서를 판매합니

사진 7　개성 실무협의

2012년 11월 16일, 꿈이 열리는 종이나무 교과서 용지 지원사업을 추진하기 위해 개성에서 실무협의를 하고 있는 경통협 오세란, 전강석, 박남부 공동대표(사진 왼편)

다. 전문적으로 폐지를 취급하는 업체에 판매해서 수익금을 만들고 그걸 북쪽으로 지원하는 것이었고예. 2012년도에 북측하고 합의했던 게 교과서 용지 34.2 톤을 북쪽에 지원하기로 했습니다. 공장하고 가계약까지 체결했는데 결국은 못 보내고, 중단이 돼 있는 상황이죠. 사업은 진행하고 있지만 당초에 약속했던 교과서 용지를 못 보내고, 밀가루 지원하고 이렇게 약간 변형해서 진행하고 있습니다. '꿈이 열리는 종이나무 사업'은 한참 진행하고 있는 중입니다. 저희들이 이 사업을 시작할 때 고민이 있었어요. 평화통일에 대해 실제로 우리가 할 수 있는 일이 무엇일까? 통일과 관련한 것은 너무 추상적이잖아요. 학교에 가면 의무교육이고 교과서가 국가에서 나오는 거잖아요. 그러면 교과서를 모아 가지고 판매해서 일부 기금을 조성하고, 북쪽에 어려운 친구들한테 보냈다고 하면 이것이 통일에 기여한 거잖아요. 그것만으로도 통일과 평화에 우리가 기여하게 되는 거지예. 생활 통일운동은 그래야 된다. 통일을 너무 거창하게 인생을 걸고 해야 될 것들이 아니라 소소하게 내가, 북에 있는 친구들은 조건이 좋지 못하니, 반찬 하나라도 남기지 않겠다, 라는 그런 마음으로 생활하는 게 그게 통일이라고 생각이 들어요. '꿈이 열리는 종이나무' 사업이나 여기 딸기체험농장 사업도 마찬가지입니다. 그런 마음으로 어떻든 사소한 것들을 배려하고 챙겨 보는 교육이 되어야 한다. 우리가 계속 어렵고 힘든 상황에도 불구하고 진행하고 있습니다. 장교리소학교를 지을 때도 그랬고, 이런 것이 일회성이 아니고 지속적으로 교류하고 협력하고 또 물자를 지원하겠다라고 약속했기 때문에 어떻든 약속을 지켜야 되잖아요? 교육청이랑 일을 많이 했는데, 교육감이 자꾸 바뀌니까 그 일을 계속할 수가 없어서, 저희들이 각 학교를 찾아다니면서 헌책을 모아 가지고 판매한 기금으로 북쪽 애들 지원하자 해서, 2012년에 교과서용지 34.2톤을 북으로 보내기로 합의했어요. 개성에서 합의한 건데, 현재까지도 못 지키고 있고. 기금은 계속 쌓이고 해서 그 이후에 콩기름을 지

사진 8　락랑콩우유 공장
2010년 5월 2일, 경통협이 지원해 평양시 락랑구역에 설립한 락랑콩우유 공장 앞에서 강신원, 전강석 회장, 조현근 이사(사진 왼쪽부터)

원했고, 인도지원사업으로 지원했죠. 약속했던 교과서 용지 34.2톤은 언젠가는 꼭 보내줘야 합니다.

• 콩우유 공장 건설과 지원사업

경통협의 사업 중에 눈에 띄는 것이 있는데요, 바로 콩우유 지원사업입니다. 콩우유 공장을 짓고 지원하는 사업을 한 것은 어떤 계기가 있었나요? 북한의 콩우유 제조 기술이나 관리, 유통 이런 부분은 어떻습니까?

장교리에 학교를 짓고, 원래는 그 해에 장교리에 학교를 지은 다음 바

사진 9 락랑콩우유공장 설비와 시범 생산
락랑콩우유공장에서 설비를 가동해 제품을 시범 생산 중인 경통협 회원과 이 과정을 지켜보는 북측 관계자들의 모습.

사진 10 **북측에 전달하지 못한 콩우유 생산설비**

2010년 이명박 정부의 5.24조치로 북측으로 전달하지 못한 콩우유 공장 기계 설비
(칠러냉동기, 낱개포장기 외)

로 콩우유공장 준비를 했었거든예. 이 사업을 왜 했느냐 하면 장교리 소
학교 건립하고 학생들을 쳐다보면서, 답답해하셨던 전 사무국장이 "애
들 지금 학교 지을 때가 아니다. 애들 얼굴을 봐라. 먹는 것을 해야지. 학
교를 지을 거냐?" 이렇게 말씀하신 적이 있는데, 이 일로 경통협 내부에
서 논쟁이 좀 붙었어요. "그게 아니라, 학교 약속을 했으니 짓고. 짓고 나
서 급식이라도 할 수 있도록 콩우유공장을 짓자." 약속은 지켜야 되니까
이렇게 된 겁니다. 콩우유공장을 시작했거든요. 아시다시피 2010년도
에 남북관계가 그렇게 될 줄을 아무도 예상하지 못하고 있는 상황이잖
아예. 엄청 힘들었어요. 2009년 이럴 때는 2010년도가 다가오기 때문에
서서히 문을 닫고 있는 상황이었고, 기업들도 문을 닫고 마음의 문을 막
닫는 상황이니까. 저희들이 할 수 있는 방법이라고는, 농업을 하는 사람
들이니까 폐기물을 모으고, 밀양의 회원을 중심으로 '평화나눔사업단'이

라고, 공병도 모으고 비닐도 모으고 이렇게 기금을 마련해서 희아 씨도[5] 만나고 통일음악회를 진행하고. 이때가 통일음악회를 많이 했었습니다. 콩우유공장을 현지에 지어서 저희들이 방문했던 겁니다.

　　콩우유 만드는 기술은 기계로 하는 거지 사람이 하는 건 아니잖아예. 아쉬운 게 콩우유공장에서 제품이 나오면 그냥 통으로 나오잖아예. 이게 원래는 낱개 포장이 되어야 하는데. 기계가 지금, 그때 방북하고 난 뒤에 주문해놓은 겁니다. 2010년 2월에 들어가서 기계, 우유를 낱개로 포장하는 기계를 설치해야 되겠다, 라고 협의했고 5월에 평양에 들어갔다가 와서 주문을 해놓은 겁니다. 제작이 된 거라예. 그 다음에 우리가 평양에 들어가서 기계를 넣으면 되는 상황이었어요. 그런데 이때 5.24조치를 때려버려요. 천안함 이후로 그리되니까 기계들이, 팔천만 원 정도 되는 기계들이 평양으로 못 들어가니까 다른 곳에 10년째 있는 겁니다. 이것만 쳐다보면 정말 환장할 노릇입니다. 기계가 못 들어가면 포장하고 멸균하고 살균하는 기계가 못 들어 가니까, 저게 제대로 가동이 안 되니까 답답하죠.

8. 경남통일농업협력회의 북한교류협력사업 특징

• 통일딸기 사업의 기대와 효과

경통협은 자금을 지원받아서 특정한 구호 물품이라던가, 또 어린아이들을 위한

5　이희아. 네 손가락의 피아니스트로 알려졌고, 경남통일농업협력회 전강석 대표와 함께 『희아와 농부아저씨의 통일이야기』(파랑새, 2014)를 집필했다.

물자들을 구매해서 보내는 게 아니고, 북측 현장에서 필요로 하는 것을 남측 현장에서 관련된 것을 지원하는데요. 남측에서 생산한 것을 재활용하는 방식이 이채롭습니다. 다른 단체와 차이 나는 방식으로 북측과 상생하는 사업 기획이 남다른 것 같습니다.

이제 50대, 60대 되시는 분들이, 그 어려운 시기를 살아왔던 사람은 어려운 상황을 잘 알잖아요. 이심전심이지예. 그들과 내가 다르지 않다라고 생각하는 거 같애요. 경통협은 또 그래야 되는 거 같고. 북에 있는 사람들도 태어날 때부터 북에 있었던 거지. 그 사람들이 뭐 남쪽에서 태어났으면 한국 사람 되는 거지예. 북에서 태어나면 북쪽 사람 되는 거고. 그런데 원래 우리는 하나잖아요. 원래 하나였는데 갑자기 우리 의지와 상관없이 외세에 의해서 분단이 된 거잖아요. 우리가 특별해서가 아니라 우리가 하고 있는 것에 대해 북쪽 사람들이 어떻게 반응하고 어떻게 생각할까, 이걸 늘 고민하고 있는 거지예. 농업에서만 보니 농업 외적인 부분들까지도 그들이 요구하면 또 어떻게 풀어보려고 노력했던 것 같고. 우리가 하고자 하는 것들이 계속 농업만 하자는 것은 아닙니다. 농업이 아니라 농업이 산업으로 가야 된다라고 생각하죠, 돈을 벌 수 있도록. 예를 들면 한국에서 딸기 생산 많이 하잖아요. 서울에 가면 백화점에서 팔고 마트에서도 파는데, 한국에 있는 딸기가 중국에 수출이 될까요, 안 될까요? 안 돼. 딸기는 수출을 못 합니다. 유일하게 할 수 있는 방법은 북측이 있어요. 예를 들어서 우리가 모종만 북에서 키울 게 아니라, 북에서 딸기를 생산해서 그 딸기 생산된 것을 러시아에 팔고 중국에 팔고. 시장이 얼마나 커요. 그 어마어마한 시장이 옆에 있는데. 우리는 시장이 좁아가지고 동남아시아까지 수출을 하고 있는 판이잖아요. 물류비가 얼마나 많이 들어요. 그런데 신의주로 넘어가 버리면 단동으로 가버리면 얼마 걸리겠습니까? 이게 딸기가, 통일딸기가 남북을 잇는 상징적인 평화와 통일의 의미였다면, 이제는 딸기가 경제사업으로 나아갈 수 있는, "돈이 될 수 있겠다. 돈이 되는구나", "교류와 협력이 돈이 될 수 있구나." 라는 것을 농업을 통해서 보여줘야 된다라는 거지. 농업이 더이상 아무나 하는 그런 업으로 남아서는 안 될 것 같고 산업으로 자리를 잡아야 되잖아예. 그 역할을 북측이라는 사회와 같이, 북에 있는 농민들과 같이 하면 훨씬 빠르게 진행될 수 있겠다라는 생각을 많이 하고 있습니다. 경통협 회원들이 이런 마음이었던 거 같고, 현재도 그 마음대로 쭉 가고 있는 거고.

• 농민들의 경남통일농업협력회 회원 가입과 활동

경통협에는 많은 농민들이 회원으로 참여하고 계신 거죠? 다양한 대북교류협력 단체 중에서 농민이 현장에 직접 참여해서 하는 곳은 거의 없는 것 같거든요?

당초는, 초창기는 거의 100% 농민이었고 워낙 남북관계가 좋지 못하고 또 저희들도 운영해야 되잖아예, 운영하기 위해서는 농민들만 해서는 어렵고 이제는 농민이 아니라도 회원가입을 많이 받습니다. 장점이라고 해야 할까요. 어디 현장을 가야 돼요, 북으로, 그러면 사람을 선정하기 위해서 얼마나 많은 노력이 필요하겠습니까. 기술자를 찾아야 되고 기술자가 안 되면 다른 기술자 찾아야 될 거고, 또 분야도 다 다를 거고. 그런데 우리는 고민 안 해도 되죠. 그냥 전화기 딱 들고 회원 리스트 딱 펴 놓고, 이번 사업이 육묘장이면 육묘장 운영하시는 분들만 쭉 뽑아가지고 전화드리면 돼. 시간 되시는 분만. 또 과수(果樹), 과수다 그러면 과수 농사 하시는 분들만 전화해서 현장으로 모시고 가면 돼. 거기 가서 우리보다 더 열심히 설명을 잘할 수 있는 거죠. 북에 있는 농민들이 농사짓는 사람을 만나면 어떻겠습니까? 당연히 손을 딱 쥐어 보면 압니다. 손을 딱 쥐면 고추 농사짓다가 왔네, 이거까지는 몰라도 농사짓고 왔네 이것은 알아요. 꾸밈이 없는 거잖아요? 자기가 갖고 있는 생각 그대로 이야기하면 되는 거거든. 꾸밈이 없는데 그 사람들이 오해하거나 의심할 이유가 없는 거잖아요. 경통협 같은 농민단체들도 전국적으로 많아야 된다라고 봐요. 그래야 지역에서, 그 지역만이 갖고 있는 장점들이 북으로 전파가 되고, 그랬을때 아까 말씀드렸던 산업으로 농업이 자리 잡는 데 있어서 시너지 효과를 충분히 낼 수도 있지 않나. 경통협같이 몇 십 년을 걸어온 길을 다시 가라고 하면 쉽지는 않을 거 같애. 저는 이제 못 할 거 같애.

• 경남통일농업협력회의 장기적인 남북교류 전망

경남통일농업협력회의 장점이라고 얘기하면서 기여한 부분들을 설명해주셨는데, 장기적으로 경통협이 어떤 전망을 갖고 계십니까? 활동을 해오면서 북한에 대해 가지고 있던 인식이 좀 바뀌지는 않았습니까?

저는 특별한 거 없이 시작할 때나 지금이나 크게 변화는 없었던 것 같고, 기대했던 것 이상으로 그 사람들 잘사시잖아요. 특별한 사람들이 아니라서 우리하고 조금 다르게…. 제가 농사를 전업으로 하는 건 아니잖아요. 저도 집에 가서 농사하고 거들고 이렇게 하는 정도인데. 제가 여기 일하러 나가면, 작업복 입고 밖에 나가면 저기 일하시는 분들하고 조금의 차이가 있어 보이지. 왜냐면 좀 깨끗하잖아요, 옷이. 저분들보다는 조금 더 깨끗해. 왜냐면 저분들은 완전히 일을 하시는 분들. 북도 우리가 남쪽에서 가면 그 사람들보다 우리가 옷이 조금 따뜻한 거 입고 있는 정도지예. 우리가 더 따뜻함에도 불구하고 우리가 북에 가면 우리는 더 따뜻하게 입고 가잖아요. 북에 갈 때 이미 몸의 온도가 뜨겁지만 파카를 입고도 떨고 있어요. 북에 있는 사람들은, 농민들은 장갑도 안 끼고 있는데 우리는 춥다고 오돌오돌 떨고 있거든. 그 차이, 그게 전부 다였던 거 같아예. 경남은 좀 벗어나야 될 거 같아예. 왜냐면 원래 경남통일농업협력회라는 것이 대북지원을 하기 위한 조직이잖아요. 여기가 농업인 단체가 아니란 말입니다. 원래 그 소관 부처가 경상남도에 있으면 안 됩니다. 통일부로 가야 돼요. 2005년에 창립할 때 경상남도 일을 하겠다라는 각오를 가지고 들어갔고, 또 경상남도 의회에서 조례안이 통과되었고, 지방자치단체 입장에서 보면 농민단체가 대북사업을 하는 단체가 하나 있으면 좋잖아요. 그러니까 허가를 해주는 담당 공무원이 검토를 안 하고 그냥 승인을 해준 겁니다. 통일부로 가야 될 소관 부처를 경남에 놔뒀던 거 같아요. 원래대로 대북교류협력통일농업을 준비하고 있는 조직이 경남도에 있다는 건 안 되니까, 소관 부처. 이제 통일부로 가야 될 거 같고 그다음에는 통일딸기는 경남에 들어가도 되지만 경남통일농업협력회라는, 한정을 해버리니까 경남지역에서만 해야 되는 걸로 생각할 거 같아요. 그래서는 안 될 거 같고. 이제는 경남통일농업협력회보다 그냥 통일농업협력회라고 이야기를 하는 게 맞지 않나. 경남도를 좀 떼야 될 거 같고 그 다음에 협력회라는 것도 그렇잖아요. 시대의 흐름이 또 있고 하니 그런 것보다 자유로운 이름을 가지고, 또 자유로운 일들을 이름만이 아니라 실제로 해야 될 것 같고. 그 일도 경제사업과 같이 관계될 수 있는, 농업과 경제사업이 선순환 구조를 가져갈 수 있는 그룹으로 경통협이 나아가야 되겠다고 봅니다. 우리가 갖고 있었던 열정들이나, 또 순수했던 농업에 대한 마음들은 꼭 가져가야 될 것 같고. 북쪽에서 가지고 내려오는데 만족할 것들이 아니라, 북에서 아까 말씀드린 것처럼 딸기 같은 경우는 북쪽에서 딸기재배도 하고. 그 다음에 가능하다면 우리가 직영하고, 딸기 모종 같은 경우는 단지화를 시켜서 대량으로 딸기 모종을 생산해서 중국이나 러시아 가까운 지역, 북한에서 가까운 지역은 판매해서 그들도 경제적으로 여유가 좀 있게 하는 게 좋을 것 같고 남쪽에서 계속 농사를 지을 것이 아니라 어떻든 북쪽과 연계선상에서, 북쪽에서 농사를 할 수 있는 준비를 해야될 것 같애요

9. 시민사회단체의 남북교류와 통일부의 역할

• 유엔 대북재제와 남북교류협력

농민들이 참여하는 회원이 되어서 남북교류사업에 대한 농업 분야, 1차 산업으로서 농업이 아니고 3차, 4차 산업으로서 농업과 관련해서 교류 말씀을 해주셨는데요. 다른 NGO 단체들도 대북협력을 많이 하고 있습니다. 경남지역에서 NGO협의회 활동이 있습니까? 얼마 전에 경기도에서 지원하는 개풍양모장 사업과 관련해서 이게 유엔제재 예외로 인정을 받았는데, 정부가 나서서 좀 더 적극적으로 이런 문제를 대처하고 남북협력, 교류하는 단체를 지원하는 방식으로 가야하는데 너무 소극적이지 않습니까?

특별한 건 없고예. 경남에도 교류협력하는 단체가 몇 개 있습니다. 다른 단체들은 성격이 또 각기 다른 부분들이 있고, 특별하게 같이 해야될 부분들이 있으면 할 건데, 그런 것은 현재까지는 있는 건 아닌 거 같고. 중요한 것은 유엔 대북제재가 시퍼렇게 살아 있고 5.24조치가 현존하고 있는 상황이기 때문에 어떻든 이 상황을 슬기롭게 타개할 수 있는 방법이 없을까. 민간단체로서 역할이 있기 때문에 현장에서 대북제재 같은 경우는 면제신청을 하고, 때로는 새로운 작업들도 준비하고 이런 것들을 해야 될 시기이지. 문제가 뭐냐면 유엔대북제재 면제신청을 우리가

해라, 라는 거잖아예.[6] 면제 신청을 우리가 하고 대상을 어디로 해야 되 겠냐는 거죠. 순서가 북측이랑 우리가 합의를 해가지고 면제신청을 해 야 정상인데 이런 절차로는 할 수가 없는 거거든, 현재는 북측이 꼼짝도 안 하니 답답해서 면제 신청부터 하고. 이것만 해도 엄청난 일을 한 거 고, 나중에 북을 설득하겠다, 이렇게 진행이 되고 있는데 그건 민간단체 로서 충분히 할 수 있는 일이고, 또 그것만 해도 우리 같은 민간단체로서 는 감사한 일이지예. 경통협은 콩우유기계 면제 신청을 국내단체에서 제 일 먼저 했을 겁니다. 그 기계를 유엔에 면제신청을 해놓았습니다. 6개 월 동안 신청했다가 반려가 되어서, 6개월 만에 안 되면 3개월 연장 신 청을 할 수 있답니다. 3개월 연장 신청을 해놓은 상태고. 우리민족서로 돕기운동이 정말로 큰 역할을 했듯이 정부가 이걸 좀 해줘야 돼요. 유 엔 대북제재 면제 신청을 통일부의 유능한 사람들 얼마나 많아요. 그런데 그 사람들이 외교부를 통해서 자기들이 하면 될 일을 왜 우리 민간에 하 라고 하는지, 왜 민간에게 모든 것들을 다 하라고 하냐는 거지예. 면제 신 청 관련 해 가지고는 이 이야기를 하고 싶어요. "왜 당신들이 하지 않느 냐? 너희들이 해야지." 최소한의 역할은 통일부가 해줘야 되는 거잖아요.

• **남북교류협력과 통일부의 역할**

통일부의 역할을 재정립해야 할 것 같습니다. 통일부가 명시적으로 지원이 안

---

6   UN안보리 결의안 2397호 제25조에서는 UN의 대북제재가 북한 주민들에게 부 정적 인도주의 결과를 초래하거나, 또는 이러한 목적의 경제활동 및 협력, 식량원조 및 인도지원 등을 제한하고자 하는 바가 아님을 강조한다. 또한 UN안보리 대북제재 위원회에서 필요한 경우 인도적 지원 단체들에 대한 제재조치를 면제할 수 있음을 밝히고 있다.

예를 들어 볼게요. 제가 진짜 묻고 싶은 게 볍씨를 우리가 수확했어요. 이게 산도비라는 예를 들어서 볍씨입니다. 이걸 검정을 누가 하냐고, 할 수 있냐고예. 농림부에 있는 사람이 농학자, 누가 오든지 간에 그것을, 산도비를 알 수 있냐고요. 비슷한 거 갖다 놓으면 어찌 알 거냐고! 그 승인 받아, 받아놓은들 뭐할 거냐고요. 승인 받아가지고 다른 거 가져왔다고 자기들이 알 수 있는 게 있냐는 거지. 사실이 그렇잖아요? 국가기관이 개입해서 만들었던 품종들, 이게 북으로 가면 문제가 되는 품종들. 그런 것들은요 우리가 안 보내! 우리가 보내는 게 뭐냐면 지역에서 농사 잘되는 거, 약을 좀 적게 쳐도 되는 거, 병충에 강한 거, 수확량이 많은 것을 보내지. 국가에서 이야기하는 그런 고품질 쌀을 우리가 보낼 이유도 없을뿐더러 그거 보낸다고 좋아하지도 안 해. 사실은 걱정할 게 없잖아요. 그런데 현재 딱 이 상태. 남북관계 좋지 못하면 유엔 대북제재 상황이니, 농림부와도 또 식품 관련 검역본부와 협의하고 이렇게 해라, 라고 하는데, 해야 하긴 해야 되죠. 해야 하는데, 그걸 하고 나서 어느 세월에 볍씨를 준비해 갖고 보낼 겁니까. 또 승인을 언제 어떻게 해줄까 누가 알고. 벼는 수확 시기가 딱 정해져 있고, 그 다음 해에 못 쓰면 그건 발아율이 떨어져 못쓰죠. 그렇다고 저온창고 넣어서 할 수도 없는 입장이고, 그럼 결국은 날아가는 거거든예. 그럼 차라리 안 되는 거를 자기들이 먼저 만들어서 "대북지원과 관련한 볍씨 품종은 뭐가 안 된다", "뭐뭐 안 된다" 하고 하는 게 오히려 맞는 거지. 농민들 보고 또 우리보고, 우리 같은 이런 대북지원사업자보고 너희들이 알아서 신청해가지고, 서류 준비해서 한 번 해 봐라. 그래가 우리(통일부)가 판단해 주겠다. 이제 그런 행정은 아닌 거 같애요. 조금씩 변화는 가져와야 될 거 같애요. 물론 무분별하게 가는 것들에 대한 문제는 있지만 너무 행정적인 편의, 이런 것들은 통일부라면 조금 생각을 달리해야 되지 않나. 이렇게 생각이 들어요. 통일부는 제일 쉬운 게 있잖아요. 행정적인 절차잖아요. 그냥 승인만 안 해주면 되는 거지. 아까 제가 그 비행기가 회항했을 때 아무 말하지 않았던 북쪽의 사람들, 우리 이해 못한다고 얘기하잖아요. 그런데 우리도 똑같애, 똑같은 거지. 그냥 반출, 승인 관련 해가지고 통일부가 승인 안 해주면 끝나는 거거든요. 저는 이건 아니라고 봐요. 주무 부처면 최소한 그 사업이 어떤 의미가 있는 것이며, 안 되는 이유가 절차상 어떤 문제가 있다고 별도의 통보, 통지 정도는 해줘야 하죠. 일하는 사람들은 그것을 준비하기 위해서 2년 동안, 말이 2년이지. 수확해야 되잖아요, 수확하기 위해서 농사지어야 하고, 그거 파종해야 되고, 경상남도 예산을 쓰기 위해서는 의원들을 설득해야 하고. 엄청나게 많은 사람들의 노력이 그 안에 담겨 있는데 자기들은 그냥 종이 하나 가지고 "안 돼"라고 하는 것은 그렇잖아요. 그래놓고 이제 와서 쌀을 지원한다고 하면 웃긴 이야기 아닙니까. 세월이 지나고 나면 그때 통일부 직원들은 어디가 있었느냐는 거죠. 통일부 직원들이 다 그렇지는 않지만, 열심히 하는 분도 많이 있고 하지만 사실은 안타까웠어요. 이렇게 느끼기에는, 어쩌면 우리가 북에 있는 사람들만 이상하다라고 느낄 게 아니라, 지나고 보면 우리도 닮아가고 있는 거 같다고 느껴요. 많이 닮아 갔어요.

Ⅱ

우리의 마음 길,
머릿속 길을 열어야지요

김원백

- 1949년 6월 황해도 황주 출생
- 1976년 캐나다로 이민
- 2000년~현재 푸른통일조국가꾸기운동 대표
- 2001년 본격적으로 북에 나무심기 운동 시작
- 2007년~현재 겨레의숲 이사

북한은 전국토의 75%인 900여만 *ha*의 산림 면적 중 30% 이상(약 280만 *ha*)이 다락밭, 농지 전환, 벌채 등으로 황폐화된 것으로 추정된다.[1] 구술자 김원백은 2000년에 북한에 들어가기 시작해 2001년부터 본격적으로 나무심기 운동을 벌여왔다. "나무 심는 일은 사상과 이념을 초월한다",[2] 이 구술은 20여 년 이상 북한에 나무심기 운동을 지속하며, 이를 통해 평화와 통일의 길을 닦아가고 있는 김원백의 이야기다.

김원백은 1949년 6월 황해도 황주에서 태어났다. 부친은 월남하여 경찰에 투신한 뒤 한국전쟁 당시 전사했다. 남측에서 자동차전문대학을 졸업한 뒤 1976년 캐나다로 이민을 떠났다. 이민 초기 대형차에 소형 시추기를 달아 생산하는 일을 했고, 캐나다에 뿌리를 내리고 다른 '한국인들처럼' 정말 열심히 살았다. 경제적으로 어느 정도 안정되자 부인의 친척을 찾고 그들을 돕기 위해 1990년부터 중국을 드나들면서 황폐한 북한 산림을 보게 됐다. 그러던 중 2000년 북한에 나무심기를 결심하고 이를 실행에 옮기기 시작했다. 평양 중앙식물원과 중앙순안양묘장, 라진·선봉지역, 황해북도 황주양묘장 등에 나무를 심었다. 그리고 그의 양묘장에는 '애국'이라는 이름을 함께 붙였다. 그는 나무심기운동을 하면서 캐나다 포플러 나무를 개량한 수종을 북에 보급했다. 중앙순안양묘장의 전문가는 이를 '문익점의 목화씨'에 비유하기도 했다. 그는 2000년~2005년까지 1억 주의 묘목을 북쪽 땅에 심었다. 비용은 사재를 털었다. 그는 "캐나다에서 30년 먹고 사는 것 빼고, 번 돈은 나무심기운동에 투자됐다"고 했다. 그리고 생업보다 북쪽의 산림복구 사업에 먼저 신경썼

1   안선경, 2011, 「'겨레의 숲'의 대북 산림협력사업」, 『KREI 북한농업동향』, 12(4).
2   『통일뉴스』, 2006/02/11.

다.[3] 나무심기를 통해 당장 눈에 보이는 성과가 아닌 조국의 미래를 위한 기반을 마련해 간 것이다. 김원백은 산림복구 사업은 개인이 할 수 없는 일이라 했다. 푸른통일조국가꾸기운동을 진행했지만 사업이 커지면서 감당할 수 없어 '겨레의 숲'을 제안해 조직했다. 그렇지만 이 또한 한계는 명확하다. 그는 정말 필요한 것은 남측 정부가 북측 산림복구사업에 참여하는 것이라 말한다.

　　김원백은 정권에 따라 바뀌는 대북정책, 그리고 그에 따라 휘둘리는 NGO단체 사업의 문제점에 대해 지적한다. 일관성과 원칙이 있는 지원사업이 남북, 북남 간의 신뢰를 쌓는 길이라는 것이다. 남측도 변하지만 북측도 변하고 있다. 그는 북한을 폄하하고, '혐북'(嫌北)하는 '피해망상증'을 벗어나기를 촉구하고 있다. 북한이 닫혀 있고, 자유롭지 못한 사회라는 것은 인정하지만, 남한 또한 북에 대한 책도 제대로 들어오지 못하고, 북 관련 사이트도 유해사이트로 차단하고 있는 상황을 비판적으로 들여다 보아야 한다고 말한다. 김원백의 이야기는 여전히 냉전에서 벗어나지 못하고 있는 한반도의 현실을 보여준다. 그는 '우리의 마음 길, 머릿속 길을 열기'를 촉구하고 있다. 한반도의 평화와 통일을 위해 가장 절실히 필요한 한 걸음이다.

3　『통일뉴스』, 2006/02/11.

．．．．

1. 캐나다 이민과정과 북한 나무심기 운동에 대한 관심 형성

• 전쟁과 캐나다 이민

선생님 고향, 출생지는 어떻게 되시는지요? 어릴 적 자라신 기억에 대해 말씀해
주세요.

제 출생지는 지금은 황해북도라고 하는 북쪽의 황주입니다. 아버지 본적
지고 거서서 태어났어요. 1949년 6월 25일 태어났어요. 아버지는 남쪽
으로 내려오셔서 경찰에 투신하셨고, 6.25 때 전사하셨어요. 1950년 7월
13일이예요. 기록을 보니까 수원-안양 간 전투에서 전사하셨더라구요.
전쟁 중에 남쪽으로 피난을 내려와 대전에 살았어요. 제 기억에 삼촌이
대전에서 육군병원장을 하셨어요. 어머니는 오빠가 한 분이니까, 오빠한
데 의지한 것 같아요. 그래서 대전에서 초등학교를 졸업하고 서울로 올
라왔어요.

캐나다로 이민 가시기 전에는 무슨 일을 하셨어요?

대학에서 자동차 공부를 했기 때문에 자동차에 관한 일을 했어요. 근
데 그렇게 공부하게 된 게 캐나다에 가서 쓸려고 한 거고. 여기서 경력
을 2년 정도 쌓았어요. 제가 2회 자동차전문대학을 나왔어요. 그 당시
한국에는 자동차 전문가들이 없으니까 우리가 들어가서 그 일을 했죠.

캐나다 이주는 어떻게 하시게 됐나요?

둘째 누님이 캐나다에 먼저 가셨어요. 저는 1976년에 갔어요. 외국에 갈 생각은 안 했는데, 아버지가 없이 살다보니 굉장히 어려움이 많았어요. 먼저 간 누님이 초청해서 캐나다에 가게 됐어요. 결혼 한 후라 처하고, 15개월 된 아들, 이렇게 셋이 갔어요.

캐나다 이민은 기술을 가지고 있으면 좀 쉬운 것 같던데. 메카닉(mechanic) 분야는 좀 더 수월하지 않았나요?

그 때 당시에는 그런 게 없었어요. 제가 가서 보니 초창기에 가신 우리 누님, 매형 같은 경우는 자기 목적을 찾아 가셨고. 독일에 광부, 간호사로 가셨던 분들이 먼저 들어와 계시더라고요. 우리보다 빨리 눈을 떴죠.

사진 1   1978년경 캐나타 앨버타주 에드먼턴의 공원에서

제가 가서 한 일은 대형 트레일러 생산, 그리고 석유 시추기, 차에 얹는 시추기가 있어요. 그걸 만들었죠.

한국인으로서 정착하는 과정이 쉽지 않았을 텐데요. 어떠셨어요?

가기 전에 언어준비를 했지만 가서 한 6개 월 언어 공부를 했어요. 그러고 나서 보니까 먹고 사는 데는 뭐 큰 지장이 없더라고요. 내가 전공을 하거나, 대학을 가거나 할 게 아니었으니까. 한국 사람들이 굉장히 근면하고 하니까, 사회에서도 직장에서도 우선 인정받고, 좋은 대우를 받았어요.

선생님의 이력을 찾아보니 목사 안수를 받으신 게 있더라고요. 그에 대해 말씀 부탁드릴게요.

이민사회라는 게 교회를 중심으로 이루어져요. 넓은 땅에 흩어져 살다가 주말에 한인들이 모일 수 있는 데가 교회에요. 그래서 교회를 중심으로 한인 사회 교제가 이루어져요. 그래서 교회를 다니게 됐어요. 원래 제가 어릴 때 외할머니의 영향으로 교회를 다녔어요. 청년기에 잠시 교회를 떠났다가 캐나다에서 다시 나가기 시작했죠. 교회 생활을 하다가 북쪽이 굉장히 힘들다는 이야기를 들었어요. 북쪽이 제 고향이고 해서 거기에 뭔가 기여해야 하지 않을까 해서 신학공부를 하게 됐어요. 선교사로 훈련을 받고, 신학대학에서 공부하고 목사 안수를 받았어요.

• 헐벗은 조국 북한에 나무심기를

1990년 중국을 방문해 조중 국경에서 북한 사람들을 만나 북한 사회에 관심을 갖게 됐다고 하셨는데 그 과정에 대해 말씀해주세요.

처의 친척이 연변에 살아요. 조중 국경. 우리가 얘기하는 무산이라던지 남평(南坪)이라는 데가 있어요. 제가 거기를 자주 다녔어요. 친척들을 도와주려고 중국 정부로부터 땅 338정보를 사서 목장을 만들었어요. 목장을 하고 있을 때 북한에 '고난의 행군'이[4] 닥쳤어요. 그때 북한 사람들이 많이 중국 쪽으로 건너와서 그 사람들을 만나게 됐어요. 약이라던가 식량을 도와주면서 다니다가 북쪽 산이 너무 헐벗은 걸 보게 됐어요. 그걸 보면서 가슴이 미어져오는, 아려오는, 당시 기분으로 가슴이 저렸어요. '저기도 내 조국인데 무언가 해야 되지 않을까?', 막연한 생각을 품게 됐어요. 식량이나 의료품 지원, 한두 번하고 말 일은 아닌 것 같고… 고민하던 차에 하루는 북쪽 사람을 만났는데 하는 얘기가 김정일 장군님 환갑이 3년 남아 "장군님 환갑상을 성대히 차리겠습니다" 말씀드렸더니, 김정일 위원장이 답하기를 "내 조국 강산이 푸르러지기 전에는 내가 환갑상을 받지 않겠다"고 했데요. 그 말을 듣는 순간 북쪽 헐벗은 산을 보면서 가슴이 아려오던 기억이 떠오르고 북쪽에서 내가 해야 할 일을 깨달았어요. '산림복구사업'. 그 사람과 대화를 하면서 깨달은 거죠. 그래

4　고난의 행군은 1938년 12월 초부터 이듬해 3월 말까지 김일성이 이끄는 항일빨치산 부대가 일본군의 추격을 뿌리치고 몽강현 남패자(중국 지린성)에서 장백현 북대정자에 이르기까지 감행했던 행군을 말한다. 북측에서는 1990년대 위기 상황을 고난의 행군에 비유해 말한다. 이는 식량난과 냉전체제의 해체, 김일성 사망 및 지배체제의 불안정성 등 총체적 위기 상황을 일컫는다(김갑식, 2005, 「1990년대 고난의 행군과 선군정치」, 『현대북한연구』, 8(1), 9쪽).

서 2일~3일 후에 북경에 있는 북측 대사관을 찾아갔어요. 가니까 영사가 나오더라고요. 장원철 영사라고, 지금도 잊히질 않아요. 영사가 "왜 왔냐?" 해서 북쪽 사람에게 들었던 이야기를 하고, "내가 우리 조국에 산림복구사업을 할 수 있는 길을 열어 달라"고 요청했어요. 그때 대성산 밑에 있는 중앙식물원을[5] 연결해줘서 처음 사업을 시작했어요.

캐나다에서 평양에 처음 들어가실 때 어떤 마음으로 가셨습니까?

평양에 갈 적에 사실 종교적인 마음을 가지고 갔죠. 근데 보니까 활동할 기반이 아니고 그래서 비정부기구(NGO)를 만들어 일을 하게 됐어요. 평양에도 나진, 선봉에도 "내가 기독교인이지만 조국에 해가 안 되는 기독교인의 본을 보이겠습니다"라고 했어요. 기독교인들이 오해할 수 있는데, 성자(聖子)로서의 본이 아니에요. 그냥 평범한 기독교인의 본을 보인다는 거지요. 목사라든지 선교사라고 다 성인이 되는 건 아니죠. 다른 사람들보다 노력해야 되고. 더 자기를 다스려야 되는데 사실 힘든 일이 많죠. 지금까지 이런 마음을 유지하고 있어요. 북쪽에서도 제가 들어간다고 신청했을 때 계속 캐나다에 조사를 했더라구요. 집으로 전화가 왔었다고도 하고. 북쪽에 들어가니까 이미 그 사람들이 제가 뭘 하려고 하는지 다 알고 있어요. 구태여 설명할 필요도 없었어요.

---

5 평양시 대성구역 대성산 기슭에 있는 국가식물원이다. 식물자원을 조성·이용하기 위한 연구 및 식물학 지식보급 사업을 수행하며, 근로자들에게 문화휴식을 제공하고 있다. 1959년 4월 30일 평양식물원으로 발족했고, 1974년 전국적 연구체계를 가진 중앙식물원으로 개편됐다(국가지식포털 북한지역정보넷, http://www.cybernk.net/infoText/InfoHumanCultureDetail.aspx?mc=CC0405&sc=A3252500 2&tid=CC030100049983&direct=1&direct=1, 2020/06/02 검색).

2. 북한에 캐나다 포플러 나무를 심다

• 2000년 북에서 나무심기사업을 시작하다

2000년경부터 북한에 '나무심기운동'을 본격적으로 하신 것 같습니다. 김대중 정부의 6.15남북정상회담이[6] 북에 미친 영향이 있었나요?

6.15선언, 김대중 대통령의 방북 후에 북쪽에서의 많은 변화를 느꼈죠. 예를 들자면 그전에는 남쪽 상표가 붙은 물건이 북쪽에 못 다녔어요. 남쪽 물건이 들어가면 남쪽 상표가 지워지고… 하다못해 지원품도 전부 바꿨어요. 포대같이라고 해서. 그랬는데 한 번은 나진·선봉 양묘장에 갔는데 양묘장에 남쪽 비료포대가 있어요. 그래서 지배인 보고 "여보, 지배인 이거 남쪽 건데 이렇게 다녀도 돼요?" 그랬더니 "일 없습니다". 이제 일 없어진 거예요. 그리고 나진 시내를 들어갔는데 아파트를 짓는데

---

6   2000년 6월 15일 북한 평양직할시에서 열린 남북정상회담이다. 6.15공동선언은 "1. 남과 북은 나라의 통일문제를 그 주인인 우리 민족끼리 힘을 합쳐 자주적으로 해결해 나가기로 하였다. 2. 남과 북은 나라의 통일을 위한 남측의 연합제안과 북측의 낮은 연방제안이 서로 공통성이 있다고 인정하고 앞으로 이 방향에서 통일을 지향시켜 나가기로 하였다. 3. 남과 북은 올해 8.15에 즈음하여 흩어진 가족, 친척방문단을 교환하며 비전향장기수 문제를 조속히 풀어나가기로 하였다. 4. 남과 북은 경제협력을 통하여 민족경제를 균형적으로 발전시키고 사회·문화·체육·보건·환경 등 제반 분야의 협력과 교류를 활성화하여 서로의 신뢰를 다져 나가기로 하였다. 5. 남과 북은 이상과 같은 합의사항을 조속히 실천에 옮기기 위하여 이른 시일 안에 당국 사이에 대화를 개최하기로 하였다. 김대중 대통령은 김정일 국방위원장이 서울을 방문하도록 정중히 초청하였으며, 김정일 국방위원장은 앞으로 적절한 시기에 서울을 방문하기로 하였다."의 5개 항으로 이루어졌다.

두산인가? 대우인가 포클레인이 버젓이 상표를 달고 일을 하고 있어요. 그래서 안내보고 "아, 저거 남쪽 건데 저렇게 상표 달고 다녀도 돼?", "일 없습니다". 김대중 대통령 때인지, 노무현 대통령 때인지 제가 기억은 잘 못하겠는데, 이제 '일이 없어진' 거예요.

2000년 북측에 나무심기를 한다고 할 때, 북쪽의 반응은 어땠습니까?

초기에 나무심기사업을 시작한다고 했을 때 북측 사람들이 깜짝 놀랐나 봐요. 북쪽 각처에 조

사진 2   2007년 남북정상회담 시 노무현 대통령이 평양중앙식물원에 식수한 반송 앞에서(2008년 4월)

『통일뉴스』(2009/05/25)

선해외동포원호위원회라는[7] 게 있어요. 제가 그쪽하고 이야기를 했는데 나중에 그게 나진시 인민위원장에게 보고가 됐나 봐요. 그래 시장이 저를 동석식사라고 해서 식사 초대를 했는데 가니까 저한테 하는 말이 "원백 선생님, 참 애국자입니다" 그래요. "예?" 그랬더니 인민위원장이 "많은 해외동포들을 만나보지만 식량자원이라든지 무슨 다른 단기적 지원

---

[7]   북한 통일전선부 산하 외각단체로서 해외조선공민의 권리와 이익을 옹호하며 대변하는 조선노동당의 기구다. 정확한 창설 시점은 알 수 없으나 최소 1962년 이전부터 존재했음을 알 수 있다(허은경, 2015, 「북한의 해외동포정책 전담기구 분석」, 『통일연구』, 19(2), 169-171쪽).

을 하지, 살림을 복구하겠다고 들어오신 분은 없었습니다" 그래요. 나무라는 거는 금방 효과가 나지 않고, 수십 년이 걸리는 사업이기 때문에 사람들이 그 일에 손을 못 댄다는 거예요. 그러면서 "원백 선생님 이게 정말 애국심이 없으면 못하는 사업입니다" 그러면서 저를 애국자라고 부르는 거예요. 그게 아마 시작하고 2년째일 거예요. 그래서 제가 "지금 제가 이제 시작단계이기 때문에 애국자라고 칭해주시는 거를 못 받겠습니다. 그렇지만 저는 애국자가 되고 싶습니다"라고 그랬어요. 그래서 그랬는지 몰라도 2016년에 북쪽에는 없던 훈장을 만들었어요. 애국상(애국훈장)이라고. 제가 1호 수여자로 그걸 받았어요.

• '효자나무'가 된 포플러 나무

나무처럼 장기적인 관점을 세워 지원하는 것은 쉽지 않지요. 그래서 북에서도 놀랐던 것 같고, 선생님의 의지를 높이 평가한 것 같습니다. 북녘 땅에 심은 묘목은 어떤 것이었나요?

신토불이라고 해서 우리 땅에 맞는 나무들을 심어야 하는데요. 사실 북쪽이 산림이 황폐화된 곳은 다 사람 사는 지역이에요. 큰 장비가 없는 주민들은 개인적으로 큰 산에 못 들어가요. 그거는 군대나, 용역업체, 중국하고… 중국 업체들은 장비를 갖고 들어가서 원시림을 잘라내 오는데, 민간인들은 난방하고 취사를 하기 위해서 근처 산의 나무를 훼손하는 거예요. 주민들은 수레, 우마차도 많지 않아요. 그러니까 손으로 나무를 해오고, 사람 사는 주변이 훼손 됐어요. 접근성이 좋으니까. 역설적으로 산림을 복구하는 것도 그만큼 빨라요.

그래서 많은 나무를 빨리 심어야겠다는 생각에서… 캐나다에는 자생 포플러 나무가 많아요. 그 넓은 땅에 포플러 나무가 너무 퍼져서 농부들이 아주 귀찮아해요. 그래서 몇 년에 한 번씩 불도저로 다 밀고 그냥 쌓아놨다가 겨울에 눈이 내렸을 때 그걸 태워요. 그래서 포플러를 많이 봤지요. 근데 마침 중국에 캐나다 포플러 나무를 개량하는 회사가 있었어요. 나무 학명이 있기는 한데 그 회사와 작업을 해서 나무 이름을 '패스트-그로잉 포플러'(fast-growing Poplar)라고 붙였어요. 근데 북쪽에서는 또 북쪽대로 '두만강 1호'라고 이름을 붙이더군요.

처음에는 포플러를 많이 넣었어요. 왜냐면 포플러는 봄에 한 6인치, 한 15센티 정도 심으면, 눈 두 개만 심으면 하나가 죽어도 하나는 사니까. 제 고향인 황주 같이 기후가 좋은 곳에서는 3.5미터에서 4미터씩 올라가요. 나무 젓가락만한 걸 심어서 그만큼 크는 거예요. 묘목을 보내고 북쪽에 들어갔더니 중앙식물원에서 "원백 선생님이 나무를 몰라서 묘목을 한 2년~3년 자란 것 들여보낸 것 같다"고 해요. 그 사람들은 그런 나무를 못 봤으니까. 그래서 "한 여름 자란 겁니다" 하니 깜짝 놀라요. 가위로 자르다 안 돼서 톱으로 잘랐데요. 그래서 제가 나중에 전기톱을 들여보냈어요. 그렇게 그 사람들이 못 보던 종자를 들여보낸 거죠.

포플러나무는 여러 가지로 쓰임이 많아요. 중앙식물원에 처음 포플

사진 3 '패스트-그로잉 포플러'(fast-growing Poplar)

『통일뉴스』(2006/02/11)

러나무를 넣어서 식물원에서 성장주기를 계속 봤어요. 2000년 처음 심은 뒤로 3년~4년이 지나니까 식물원 기술과장이 "우리 조국에 효자노릇 할 수 있는 나무는 이 나무밖에 없습니다", 이렇게 말해요. 4년째 들어가니까 식물원 기술과장이 나와서 하는 소리가 "선생님 이 나뭇잎을 염소 목장에 보냅니다" 그래요. 그래서 제가 반문했지요. "이제 가요?" 왜냐면 이 나무를 개발할 적에 잎이 굉장히 컸어요. 잎 하나가 우리 두 손을 합칠 만큼 컸어요. 그리고 잎이 사료용으로 개발됐어요. 근데 그걸 믿지 않았어요. 무슨 포플러 잎을 소나 양, 염소가 먹느냐고. 돼지는 우리가 실험을 하지 않았는데 돼지를 먹일 때는 말린 잎을 갈아서 사료하고 섞어 먹이면 영양분이 있어서 좋을 거란 걸 알았어요. 우리가 자료를 다 줬는데 북쪽에선 그걸 믿지 않았데요. 그런데 이 사람들이 우연히 염소가 잎을 먹은 걸 봤데요. 그걸 줘보니 잘 먹거든. 그래서 4년째부터 나뭇잎을 염소, 양, 소 사료로 쓰게 됐다고 해요.

포플러가 굉장히 유용하게 쓰이네요.

그렇지요. 사료만 얘길 해도 획기적인 거지요. 그걸 개발할 때 우리도 확인을 했어요. 묘목을 양묘할 때 꼭대기 얇은 것들을 잘라놨더니 다음날 아침에 소가 와서 다 먹어버렸어요. 그래서 소가 먹는 걸 확인했죠. 우리가 확인하고 보낸 건데 북쪽에서 처음에는 믿지를 않았어요. 평양순안중앙양묘장 지배인 한 분은 "문익점 선생님이 목화씨를 들여온 업적에 버금갑니다" 그러더라고요.

3. 북한의 산림관리제도

• 산림관리제도

북한의 산림관리제도에 관련해서 여쭈어보겠습니다. 약간 구체적일 수 있는데요. 산림자원 조성과 보호, 또 이용을 잘하기 위해서 협동농장이나 기관, 기업소 등, 주변지역 산림을 담당하는 제도가 있나요?

그럼요. 일단 중앙정부에는 산림총국이 있어요. 그전에는 산림국이었는데 김정은 위원장이 승격시켜서 산림총국이 됐어요. 그다음에 지방에 가면 산림국들이 있어요. 지역마다. 도나 시, 군마다 다 산림국이 있고, 그 산하에 산림과가 있어서 산림복구사업을 지휘해요. 그 다음에 촌으로 내려가면 산림반이라고 마을 내에서 나무 심는, 묘목을 생산하는 조직이 되어 있어요. 나진에서 나무를 심을 때 보니까, 나진에 해운대학이라고[8] 있어요. 교수, 교직원, 학생, 심지어 중고등학생까지 동원해서 나무를 같이 심어요. 우리 어릴 때 식목일에 동원돼 나무를 심듯이 똑같이 사람들을 동원해 인력을 활용해요. 국가의 뒷받침만 있으면 조직 밑으로 내려가서 산림을 관리하는 데는 문제가 없더라고요. 산림 화재 예방하는 예방위원들, 화재 예방 감시원들도 있고 다 잘 돼있어요. 단지 장비가 좀 부족하고 그런 게 이제 문제죠.

산림지역 주변기관들이 일정하게 나무를 보호·관리하는 담당림 제도라는 이야

---

[8] 함경북도 나선시에 있는 나진해운대학은 1968년 개교했으며 해양분야의 기술자와 경영자 양성을 목표로 하는 전문 교육기관이다(『연합뉴스』, 2015/01/04).

기 같은데요. 그러면 나무를 솎아낸다거나 주민들이 땔감으로 쓰고, 영농재, 혹은 목재로 쓰는 것은 자율권이 있는 것인지요?

그럼요 주변에서 채취하는 건, 자기들 힘이 닿는 곳에서는 다 나무를 해와요. 쓸 수 있는 만큼은 쓰고. 주민들이 필요한 부분, 난방용이나 취사용은 벌목을 하는데 그건 어느 정도 규격 이상의 나무는 못 자르게 되어 있어요. 주로 작은 잡목들을 쓰고, 큰 나무는 못 베는 걸로 알아요. 심는 거는 아까 말한 대로 양묘장에서 생산해서 사람들 동원해서 같이 심고. 북쪽의 시나 군 단위 양묘장이 보통 10정보에서 15정보 수준이에요. 그 정도가 되면 수종에 따라 다르지만 한 해에 묘목을 300만에서 700만 그루까지 생산해 낼 수 있어요.

북한은 공사 등 규모가 큰 목재가 필요한 경우는 어떻게 하나요? 수입을 하나요?

아니요. 수입하는 나무는 잘 못 봤어요. 물론 우리가 알지 못하는 재료들이 수입되겠죠. 장식용 등 열대목이 필요한 경우 등에요. 근데 건축이나 공사용 이런데 일반적으로 들어가는 나무들은 북쪽에서 가지고 있는 나무들로 충분히 가능해요.

• 산림관리법과 양묘사업

북한도 산림과 관련해서는 전반적인 경영, 관리 등을 법률을 통해 제도적으로 뒷받침하고 있는데요. 자료를 보니까 1991년 12월에 조선민주주의인민공화국 산림법을 채택해 공포했더라고요. 산림경영에 관한 규정, 조림 및 사방야계에 대한 규정, 산림이용에 관한 규정을 비롯해 많은 규정과 세칙들을 마련해 산림

경영관리체계를 확립해놓았습니다.

당연히 국가의 계획이 있겠지요. 우리는 필드(field)하는 사람들이니까 국가정책이나 이런 부분에는 크게 관심을 갖지 않았어요. 우리가 우선 관심을 가진 것은 산림복구, 훼손된 산림을 복구하는 거였어요. 북한의 법률 세칙을 보면 다락밭이라고 해서 경사진 면에 농지를 만들 수 없어요. 그렇지만 농토가 없으니까 사람들이 산을 개간해서 화전을 일구고 농산물을 재배해요. 이미 10년 전에 경사도 15도 이상 되는 곳은 개간을 못한다는 법이 나왔어요. 그런데 그게 아직 실현이 안 되고 있죠. 사업을 하는데 법이나 제도 때문에 크게 문제가 되거나 그런 건 없었어요. 우리가 접근해 들어가는 부분이 산림훼손 부분이고, 양묘 문제이기 때문에 사실 심고 기르고 하는 건 사람들이 충분히 할 수 있는 거니까. 제일 큰 문제가 양묘문제인데 심을 때는 학생, 교직원 등 모두 동원할 수 있고. 그리고 양묘공들이 있으니까 양묘장에 다른 문제는 없었어요. 법에 저촉돼서 안 된다던지 규제에 얽혀서 막힌다는 건 별로 못 느꼈어요. 산림사업에 적극적으로 협조하고 있어요.

4. 초기 양묘사업 지원과 문제점 돌출

• 평양 중앙식물원과의 사업

평양 중앙식물원에 대해 말씀하셨는데요. 초반 작업을 같이 하신 거 같은데 어떠셨나요?

한국에는 산림청하고 식물기관이 따로 있을 거예요. 북한은 이걸 같이 해요. 식물과 나무를 같이. 처음에 제가 준 종자는 평양 중앙식물원에서 키웠어요. 근데 처음 시작할 때부터 일이 쉽지는 않았어요. 종자를 주고 다음에 들어가 보니 나무를 잘라 심었는데 이 사람들이 2년~3년 자란 나무라고 생각하고 밀식을 했어요. 그래서 제가 "이렇게 심으면 다 죽는다. 이건 덩치가 커지기 때문에 적어도 30센티는 벌려야 된다" 그랬어요. 그런데 이 사람들이 장마철에 뽑겠데요. 나무 특성이 있으니까, 이건 뽑으면 안 된다고 했어요. 그리고 그냥 놔뒀다가 살아남은 거, 가장자리 건 다 살 거니까, 그걸 묘목으로 쓰라고 했어요. 대신 30센티를 갈라라. 분명히 이야기해줬어요. 그 다음에 다시 갔어요. 이 사람들이 해놓은 걸 보니까 15센티를 갈랐어요. 그래서 내가 좀 화를 냈죠. "당신들 왜 내가 30센티를 벌리라고 했는데 이렇게 했습니까?" 대답을 안 해요. 가만히 보니까 땅이 없어요. 벌리는 만큼 땅이 배로 들어가잖아요. 3배, 4배돼야 하는데 땅이 없는 거예요. 좋은 종자니까 남 주기는 싫고, 그래서 다시 밀식이 돼 버린 거예요. 화를 낼 수밖에 없죠. "이거 땅이 없어서 그런 거 아닙니까? 당신네 평양이든지 그 주변에 양묘장들 있지 않나? 그쪽으로 보내서 빨리 대량생산해야 되지 않습니까?" 제가 화가 나서 "이거 정말 악질 반동들 아닙니까? 됐습니다. 여기 중앙식물원하고는 끝냅시다", 그렇게 심한 말을 했어요. 그런 다음 나오는데 안내를 하시던 분이 아까 자기 등에서 식은땀이 흘렀다고 하는 거예요. 그래 왜 그랬냐고 하니 해외 동포가 조국 땅에 들어와 우리들보고 악질 반동이라고 하는 건 처음 봤다는 거죠. 그래서 "그럼 제가 말 잘 못했습니까? 나무를 빨리 퍼뜨리려고 지구 반 바퀴를 돌아와 이 사업을 하는데 이런 식으로 하면 내가 무슨 떼부자인 줄 아십니까? 남의 기부를 받아서 하는 것도 아니고 나도 허리가 휘도록 일해서 번 돈으로 이걸 하는 건데. 이걸 그렇게 하면 악질 반동 아닙니까?" 그랬어요.

• 중앙순안양묘장의 출발

평양에 중앙순안양묘장이라고 또 있던데요.

중앙식물원 사업을 끝낼 때 마침 식물원이 중앙순안양묘장 개발을 시작
했어요. 거기는 땅이 좀 많으니까 나무를 그쪽에 주기 시작했어요. 중앙
순안양묘장은 중앙비행장 내 순안구역 바로 옆에 있는 곳인데 김정일
위원장의 명령으로 180정보 2개 리 주민들을 소개하고 양묘장을 개발한
곳이에요. 굉장히 큰 사업이었어요. 처음부터 제가 그 과정을 봤는데 굉
장히 힘들게 했죠. 첫해가 굉장히 가물었어요. 그래서 묘목을 구해 심었
는데 거의 다 죽었어요. 양묘장에 가보니까 그 큰 양묘장에 양수기가 그
렇게 없어요. 그래서 제가 대형 양수기를 보냈어요. 그렇게 중앙순안양
묘장이 시작됐어요. 중앙양묘장에서 일하는 사람들은 전문적인 육종기
술이라든지 이런 건 없을지 몰라도 나무를 심고, 양묘장을 운영하는 데
는 충분한 경력이 있기 때문에 운영 자체에는 문제가 없었어요. 기후, 자

사진 4 중앙순안양묘장 전경

금, 장비 이런 게 문제였지요. 우리가 2007년 '겨레의 숲'을 만들고 첫 사업이 중앙순안양묘장 지원사업이었어요. 그때 100여 명이 비행기를 대절해서 중앙순안양묘장 준공식에 참석하기도 했어요. 그때 지원한 게 온실, 트랙터, 양수기, 온수 배관, 양수 배관, 비료 이런 것들이었어요.

• 나진에서의 양묘사업과 동원사업의 문제

평양 중앙식물원과 중앙순안양묘장 외에 나진에서의 일은 어떠셨나요?

나진 쪽은 날이 좀 찬 데니까, 거기는 파인(pine) 종류로 소나무 종자, 처음에는 백두산 이깔나무를 보냈어요. 그 다음에 포플러, 페스트 그로잉 포플러(fast growing poplar) 종자예요. 나진선봉이 해양성 기후기 때문에 바람이 굉장히 세요. 그래서 이게 나무가 잘 안 되는 걸로 알고 있는데, 포플러는 여기서도 굉장히 잘 됐어요. 그래서 산림국 관계자들이 굉장히 놀라고. 그리고 또 북쪽에서는 김일성 주석의 유훈으로 그 두만강변에 산림복구사업을 한 천 정보 이상을 하기로 돼 있었어요. 그걸 이행을 못했는데 뭐 그 나무가 들어가면서 굉장히 많이 도움이 됐다고들 하더라고요.

아무리 좋은 사업이라도 일을 진행하다 보면 중간 중간 어려움도 많았을 것 같은데요. 어떠셨는지요?

여기는 정경분리지만, 북쪽에서 사업이라는 건 정경일체예요. 그래서 그런 관점에서 접근하고 이해해야 해요. 내가 처음에 어려웠던 것은 소통이었어요. 내가 가진 생각을 저 사람들이 같이 해줄 거라는 전제조건을 가지고 일방적으로 내 얘기를 하는 것은 분명히 문제가 있고. 저쪽에서는 저쪽 식의 대응이 있는데 내가 요구했던 것이 그게 아닐 때는 문제가 좀 많이 있죠. 2003년 사스(중증급성호흡기증후군) 때 나무하고 장비를 가지고 북에 들어가려 했는데 캐나다가 발병국이 돼서 입국할 수 없었어요. 조중 국경에서 한 시간 반을 버티고 있다 들어가기는 했는데 격리 조치돼서 나무 심는 과정을 살펴보지 못했어요. 나무를 심을 때는 그쪽에서 사람들을 다 동원해요. 우리 어릴 적 식목일 나가듯이 똑같이 사람들을 동원해서 나무를 심어요. 그걸 우리가 확인할 수 있는데 그 때는 사스로 나갈 수가 없었어요. 그래서 그네들이 심는 걸로 하고 나갔다가 가을에 다시 들어와 보니 나무가 다 살았어요. 생존율, 저쪽에서는 '삶율'이라고 하는데, 북에서는 그걸 80%로 잡아요. 나는 50%만 잡아요. 첫해에 100% 심었는데 다음 해에 반이 죽었으면 그 다음에는 50%만 심으면 되죠. 그 다음에는 25%, 그다음에는 12.5% … 7년만 하면 100%를 완성해요.

가을에 나무가 살아서 그 다음에 나무를 심기 위해 또 들어갔죠. 현장을 가자고 하니까 작년에 갔던 데를 또 가요. "거긴 작년에 심은 덴데 왜 또 가냐"고 했더니 죽은 나무들을 재식수를 해야 할 것 같다고 해요. 가보니까 나무가 95%가 죽었어요. 가을에 살았던 나무가 거의 죽은 거예요. 나무를 제대로 심은 것이 아니라 속성으로 심어버린 거야. 내가 없으니까 이런 문제가 생겼던 것 같아요. 그러니까 삽으로 구덩이를 판 게 아니라 삽으로 찔러서 벌려서 나무를 꽂은 거예요. 2년생들을. 그러면 어떤 현상이 나느냐, 뿌리가 하늘로 올라와요. 땅속에 있으면서 제이(J)자가 되는 거예요. 여름에서 가을까지는 비가 오고 이슬이 내리고 하니까 그게 살아요. 그 다음 겨울을 나지 못하고 다 동사한 거죠. 95%~100%가 다 죽었어요. 심는 과정도 그랬지만, 나무를 길에다 막 뿌린 게 더 많아. 감독을 제대로 안 하니까. 일부러 그냥 없애버린 거죠. 자기 할당량을 채우는 거예요. 제가 그걸 보다가 또 심길래 식수 중지하라고 소리를 질렀어요. 그리고 호텔로 돌아와 '내가 이 사업을 계속해야 하는가' 고민했어요. 내가 한 번 없었다고 저런 식으로 한다면… 그 전에는 잘했어요. 고민하던 차에 안내원이 왔어요. "선생님, 제가 다 봤습니다. 말이 안 됩니다. 이건 위원장 동지에게 보고해야 합니다". 그래서 "보고를 하면 사람이 다칠 텐데…" 걱정을 하자 안내원이 "이 일은 선생님 아니면 하실 분이 없습니다" 그래요. 다음날 나진시 인민위원장과의 식사자리가 있었어요. 위원장에게 있었던 일을 다 설명했어요. 부위원장급 이상이 되면 속기사가 붙고 우리 대화가 국가기록물보관소로 다 들어가요. 처장이 직접 메모를 하는데 얼굴색이 하얘져요. 이야기를 다 듣더니 위원장이 "선생님. 1년만 시간을 주시오. 다시는 이런 일이 없도록 하겠습니다", 그래요. 위원장도 굉장히 충격을 받은 것 같았어요. 그 일로 두 사람이 재판을 받게 됐어요. 북쪽에도 법이 있고, 원칙이 있어요. 잘못하면 처벌을 받아요. 조국에 와서 일하는 것이 사람을 벌 받게 하려고 하는 것이 아닌데… 내 성격이 강하긴 하지만 또 그런 강한 성격 때문에 그런 어려움을 돌파하고 지금까지 해오지 않았나 해요.

5. 애국양묘장 사업과 2000년대 중반까지의 사업성과

• '애국양묘장' 설립과 지원

선생님이 북한 당국으로부터 전문 양묘장을 받은 곳이 있습니까?

속성 포플러 나무 묘목을 전문적으로 생산하기 위해 제가 북측에 12헥타르를 달라고 했어요. 제일 먼저 받은 곳이 황주예요. 제 고향이니까.

황주청년양묘장이란 곳을 저에게 줬는데 12정보 중 3정보가 논이었어요. 제가 사용하는 곳이라 황주청년애국양묘장이라 이름 붙이자고 했어요. 왜냐하면 북쪽에서 나를 '애국자'로 불렀으니까. 그다음에 회령에 오봉애국양묘장이 있고, 그리고 나진에 백학애국양묘장이 있어요.

오봉애국양묘장은 2007년 4월 달에 조성되고, 한 4개월 뒤인 2007년 8월, 10월 이즈음에 선생님께서 농기계, 비료, 농약, 또 온실 건축하는데 필요한 물자 공급, 또 직접 양묘온실 공사 이런 걸 하셨는데요. 선생님 나온 사진에 장비 전달하는 모습이 있습니다. 여기 보면 경운기, 트랙터 이런 것들이 쭉 있는데요. 당시 장비 지원에서 기억에 남는 것이 있으시면 이야기해 주세요.

2000년대 초에는 양묘장에 양수기조차 없었어요. 경운기나 운송수단은 더 없었고요. 제가 가서 보니까 일할 사람들은 있어요. 근데 장비가 부족하기 때문에 장비를 최우선적으로 지원했어요. 경운기는 11마력짜리 소형 경운기를 먼저 지원했어요. 중국 것을 넣었는데요. 제가 중국에서 목장을 할 때 중국 경운기를 써봤어요. 관리를 잘하면 10년씩 써요. 10년이 넘어도 고치기 쉽고. 일하는 사람들이 그걸 손질하기 굉장히 쉬워요. 한국 경운기를 가져오려면 비용이 굉장히 나와요. 쉽게 말해 중국 것은 전체 시스템이 전부 들어가 봐야 1,000불에서 1,500불 사이인데, 한국 것은 경운기 한 대, 몸체만 1,000불~2,000불 줘야 해요. 중국산을 쓰면 반값도 안 들어요. 10대 보낼 것을 20대 보낼 수 있으니 중국 것을 많이 썼죠. 또 연변 쪽에서 넘어가고 하는 거니까 접근성도 좋고, 수송비도 안 들고 빠르고. 중국 최고 품질을 자랑하는 회사 물건들로 보냈기 때문에 문제없이 잘 썼어요. 북쪽에서 장비를 얼마나 필요로 하는지 한 가지 예를 들어드릴게요. 황주에 청년애국양묘장이 있다고 했지요? 거기에 중국 장비를 보냈는데 중국 업자가 저를 속여서 저급한 물건이 들어갔어요. 6개월 만에 주저앉더라고요. 그래서 내가 안 되겠어서 제 주 거래처가 있는 연길에 가서, 물건을 확인하고 나진 쪽으로 들어갔어요. 황주 양묘장 사람들 보고 나진 산림국에 이야기해놓을 테니 이걸 받아가라고 했어요. 그러고 나서 저는 캐나다로 들어갔지요. 나중에 황주에 가보니 물건이 와 있어요. 그런데 사연이 많았어요. 황주에서 경운기를 가지러 갔는데 나진 사람들이 기차에 실어주지를 않았어요. 그래서 경운기를 기차에 못 실었어요. 근데 황주 사람들도 그걸 예측했어요. 나진 사람들이 안 도와줄 거다. 왜? 못 가져 가면 자기네 게 되니까. 황주에서도 그걸 계산하고 운전수 둘을 보냈어요. '몰고 내려와라', 그리고 열흘의 시간을 줬데요. 열흘. 근데 일주일 만에 가지고 돌아갔어요. 참 영화 같은 이야기예요. 경운기 한 대가 얼마나 소중하면… 지도로 한 번 상상해 보세요. 나진이 저 두만강 꼭대기 토끼머리 있는 쪽이에요. 거기부터 황주까지. 경운기가 시속 몇 킬로나 되겠어요. 돼봐야 시속 15킬로, 20킬로 될 텐데. 그리고 그게 다 산길입니다. 나진에서부터 청진 이쪽으로 돌아서 갈려면 길이 굉장히 험해요. 차도 가기 힘든데 그걸 운전하고 왔으니. 오는 동안 기름도 있어야 하고, 먹기도 해야잖아요. 오는 길에 마을마다 산림반들이 있어요. 거기 가서 기름도 좀 얻고, 먹여달라고 하면서 계획된 열흘보다 3일 빠르게 들어왔더래요. 참 감동적인 이야기였어요. 400킬로가 넘는 거리예요. 직선거리로도 몇 백킬로인데 이게 꼬부랑 산길이에요. 하여튼 경운기를 몰로 황주 시내를 다니니까 사람들이 지나가다가 세우더래요. 그게 중국에서 최신형이었거든요. 그렇게 가져와서 장비를 사용하기도 했어요.

함경북도 나선시 백학지구 양묘장은 2008년부터 농기계, 비료, 농약, 온실 건축 물자 지원을 시작해서 2009년에 본격적으로 양묘생산에 들어갔는데요. 선생님께서는 2008년 양묘장을 지원하셨는데…

나진에서 작업하면서는 시스템을 바꿔보려고도 했어요. 시장경제라던 가 뭐 그런 거창한 건 아니고 철밥통 직장 관행을 깨고 생산성을 높여보고 싶었어요. 그래서 나진시 인민위원장에게 청원서를 넣었어요. "나에게 땅을 달라. 아무도 개발하지 않은 땅을 주면 내가 양묘장으로 개발해 쓰겠다." 양묘장을 주면 앞으로 얼마만큼의 묘목을 생산하겠다. 그리고 양묘공 40명을 주면 그 사람들 전부 월급주고, 먹고 살게해주겠다. 남포, 평안도, 함경도 다 다녀 봐도 제대로 된 장비 있는 데가 없어요. 양수기, 트랙터, 경운기는 말할 것도 없고… 그런 거를 시범을 보일 테니 달라고 제안서를 넣었어요. 인민위원장에게 답이 나온 게 "원백 선생님의 사업은 애국적인 사업이다. 무조건 땅을 먼저 드려라"였어요. 그래서 나진-선봉 구역에서 최고의 땅 15정보를 받기도 했어요. 근데 이 사업은 여러 가지 문제로 제대로 진행되지는 않았어요.

회령시 오봉 양묘장도 그렇고, 여기도 그렇고, 양묘장이 조성된 건 훨씬 전이예요. 몇 년도에 시작한 건지는 저도 잘 모르겠지만 굉장히 오래됐어요. 제가 나진에 2000년부터 들어갔는데 그 전부터 있었어요. '겨레의 숲'하고[9] 해서 지원하게 된 때가 2007년, 2008년이었어요. 원래 북쪽에서 가지고 있었던 식물원 온실인데 그걸 허물고 새로 지었어요. 이쪽은 산악지역이라서 포플러, 백두산 이깔 묘목을 파종해서 키웠어요. 보통은 2년이면 크는데 여기는 땅들이 좋지 못해 3년을 키워서 산에 심어요.

그럼 포플러는 몇 년인가요?

포플러는 1년짜리가 전부 되죠. 1년 이상 넘어가면 안 돼요. 그러면 최

9　민족화해협력범국민협의회, 우리민족서로돕기운동, 평화의 숲 등 남측 민간단체 10여 개가 참여한 대규모의 북한 산림복원사업 지원 단체로 2007년 4월 2일 창립했다. 푸른통일조국가꾸기운동 대표였던 구술자는 여기에 이사로 참여했다.

하 2미터에서 4미터가 올라가니까. 어떤 데서는 6미터짜리도 나온 적이 있어요. 그건 매년 1년 생을 갖다가 15센티 눈 두 개씩 잘라 심어요. 3미터만 되도 15센티 눈 20개가 나와요. 엄청 효과가 큰 거죠. 두만강 유역에 침식터가 있거든요. 그 땅이 참 좋아요. 낙엽송은 땅과 물, 습기만 보장되면 굉장히 잘 자라요. 북쪽 하천변에 그걸 많이 심는다면 엄청난 부를 창출할 수 있을 거예요.

나무심기운동이 북한에 미치는 효과는 어떤 걸까요?

우선 단기적으로는 연료부족 해소가 있겠죠. 경공업이 안 되니까 일반 주민들에게 공업 혜택이 돌아가지 않아요. 그런 것을 메우는 데 일단 나무가 할 수 있는 일이 있어요. 1년~2년짜리 나무라도 농촌에서는 비닐하우스를 지을 수 있는 활대로 쓰일 수 있고, 어촌에서는 고기를 말릴 수 있는 덕장 이런 데 쓰일 수 있어요. 2년~3년만 지나면 화목으로 쓸 수 있어요. 포플러 나무가 그래요. 처음 나진-선봉 쪽에 장백낙엽송을 심었을 때는 혼자 심은 거니까, 가서 확인할 필요가 없었어요. 근데 '겨레의 숲'을 만들고 나니까, "선생님 북에서 어떤 일을 했습니까?" 그야말로 입증을 해야 할 거 아니에요. 나진, 순안양묘장, 다 사진을 찍어왔던 걸 MBC에도 자료를 주고. 나진에서 15센티 정도 낙엽송을 심으면서 하도 한심해서 내가 그랬어요. "이게 언제 커서 나무 구실을 할까?" 8년 후에 내가 나진에 또 가서 산림과장 보고 "우리 옛날에 나무 심은 데 한 번 가보자" 그래 갔어요. 8년 된 낙엽송이 내 키를 넘고 있었어요. 근데 그게 20년, 30년은 자라야 10미터, 20미터씩 올라가고 나무 구실을 하지. 파인 종류는 느리니까. 굉장히 뿌듯했어요. 언제 나무 구실을 하나 했더니 8년이 되니까 내 키를 올라가고 숲이 되고 있는 거예요. 자랄 때 가장 늦게 자란다는 나무가 그래요. 그런 걸 보면서 많이 심어야 한다는 확신을 갖는 거지요.

• 나무 심기에서 병충해 예방과 방제작업

나무를 심고 가꾸면서 가장 어려운 일 중 하나가 병충해 예방인데요. 양모 중 병에 걸리면 이걸 어떻게 해결합니까?

그러니까 우리가 약을 준비해 가야지요. 병이 돈다고 하면 중국에서 우리가 약을 준비해 가요. 제 경험으로는 큰 병충해는 못 봤어요. 근데 한 번은 노무현 대통령 때인가? 평양지역 소나무들이 다 말라죽더라고요. 그래서 MBC 주관으로 한 번 방제에 들어간 적이 있어요.[10] 어쨌든지 전문가들은 북쪽 자체 내에도 있으니까. 약재가 없어서 그렇지. 약재만 구해주면 북쪽에서 알아서 잘 할 수 있어요. 그리고 병충해는 공동방제를 해야 하는 게 맞아요. 예를 들어서 돼지열병 때문에 애를 먹었지 않아요? 북쪽에서 먼저 시작했다고 하는데… 양강도 저쪽에서 먼저 시작됐어요. 지난 7월에 가니까 평양에서 돼지고기를 안 팔아요. 근데 8월에 가니까 풀었어. 아마 방제가 다 됐나 봐요. 지금 우리가 북한을 자꾸 돼지열병 전파 용의자로 몰고 있는데 그건 좀 잘못된 거예요. 그런 것조차도

---

10   2007년 6월 30일~7월 3일 '겨레의 숲'(이사장 정세현)의 주관방송사인 MBC는 통일방송협력팀을 중심으로 '동명왕릉 및 평양 일대의 소나무 병충해 작업'을 위해 평양을 방문했다. 당시 MBC는 "이번 평양 방문의 의의는 사상 최초로 남한의 방제단이 북한을 방문하여 남북 합동으로 병충해 공동방제를 실시하여 한반도 생태계를 남북이 공동 관리하는 토대를 만들었다는 점"이라고 자평했다(『PD저널』, 2007/07/05, http://www.pdjournal.com/news/articleView.html?idxno=11340, 2021/06/03 검색).

교류를 안 하고 있어요. 병충해 같은 건 공동방제를 해야지 한 쪽만 한다고 해서 되는 건 아니잖아요? 북쪽에서는 사실 재선충 때문에 "남쪽에서 올라왔다" 그래서 청구서도 보낼 수 있어요. "너희들 때문에 전파됐다" 얘기도 한 번 나왔어요. 그런 것들은 공동방제를 해야 해요.

하늘과 땅은 그렇게 보면 분단이 없습니다.

하늘길, 땅길, 열어야 하는데… 사람의 마음길 하나 못 여는데 그게 열리겠습니까? 열렸다가도 닫히고, 열렸다가도 닫히고 하는 거지. 가장 중요한 우리의 마음길, 머릿속 길을 열어야지요.

솔잎혹파리 같은 경우 그 전에도 심하다고 알려져 있었는데 이 부분에 대한 방제는 잘 이루어지나요?

백두산이나 이런 산, 주로 지금 백두산에 피해가 있었어요. 백두산 줄기에. 그걸 중국 쪽에서 항공방제를 했어요. 북 쪽에서는 그걸 못해요. 근데 중국 쪽 방제는 비행기가 우리 쪽으로는 해주지 않아요. 중국이 북한의 혈맹, 동맹이라고 생각하시는지 모르겠지만 제가 본 경험으로는 그렇지 않아요. 혈맹, 동맹이라기보다는 자기들의 이익에 의해서 움직이는 그런 관계라고 할 수 있죠. 방제의 필요성을 남쪽에다가도 이야기했는데 정치외교 문제로 이루어지지 않았어요. 그래서 굉장히 어려움이 있었어요. 2007년 이후 '겨레의 숲'에서 평양지역 이런 데, 용악산이나 뭐 이쪽에 남측이 지원해 병충해 구제를 하곤 했는데 이거는 그냥 보여주기 식이라고 생각해야죠. 방제작업 효과가 얼마나 나왔는지 그건 우리가 모르고. 제 입장은 그래요. 사람들이 직접 들어가서 그런 비용을 쓸 바에야 차라리 약을 제공해주고 장비를 줘서 북쪽 자체 내에서 움직일 수 있게 해주면 엄청난 효과를 볼 수 있을 거예요. 그런데 안타깝게도 대북 사업이 보여주기식 사업이 돼가지고… 백두산에는 사람들이 올라가서 약을 뿌리고 하는 건 되지 않아요. 항공방제를 해야 하는데 '겨레의 숲'에서 그 문제를 해결하지 못했어요.

• 일억 주의 묘목을 심다

자료가 정확한지 모르겠는데 북한에서 거의 1억 주의 나무를 심은 것으로 알려져 있습니다. 양묘에서 길러서 이식하고 수목하셨는데 그 성과라고 할까요? 그건 어떻게 이야기할 수 있을까요?

1억 그루라는 게… 2000년부터 제가 개인적으로 다니면서 일을 하기 시작했으니까. 2005년에 북쪽에 들어가는데 안내원이 아니고 참사가 벤츠를 가지고 공항에 나왔어요. 들어가면서 속으로 '북쪽에서 의전을 높였나?' 생각했어요. 그 전에는 일본차, 중고차 가지고 안내원이 나오곤 했거든요. 참사하고 황주, 중앙식물원, 다 다녔어요. 산림국 부국장하고 다니면서 조사를 하는 것 같았어요. 그래서 내가 한 일을 조사하나보다 했죠. 그해가 당 창건 60주년 되는 해였어요. 10월 10일 쌍십절. 같이 다니던 참사가 통전부 부부장 최승철과 면담을 하게 된다고 해요. 그래서 "내가 정치하는 사람들을 왜 만나? 민간에서 산림복구, 나무 심는 사람인데 왜 정치하는 사람을 만나" 그랬어요. 그랬더니 한 번 만나래요. 안 만날 수 없게 돼서 통전부 초대소라는 데를 갔어요. 참사가 그동안 통전부 부부장과 만나게 하려고 내가 한 일을 조사한 거였어요. 참사가 "원백 선생님 2000년부터 2005년 10월 지금까지 1억 그루 나무를 생산하고 심었습니다" 라고 해요. 북쪽에서는 입증이 안 되면 그렇게 이야기를 하지 않아요. 1억 그루 이야기가 거기서 나왔어요.

'나무 한 그루 심기'를 하면 심는 비용이 한 그루에 1달러라고 하던데요?

1달러 이야기가 왜 나왔냐면 북쪽 평양대극장에서 공연을 보다가 쉬고 있는데 재미동포전국연합회 윤길상 회장을 만났어요. 내 이야기를 듣더니 이렇게 엄청난 일을 혼자 하냐고 깜짝 놀라요. 그러면서 미국 사회에서도 참여하고 싶다고 해요. 그래 나무 심는데 얼마나 비용이 필요하냐 해서 어림잡아 계산해서 1달러 1그루로 이야기한 거예요. 1달러 1그루, 10달러 10그루, 100달러 100그루, 돈이 많으면 100달러를 내는 거죠. 사실 우리가 가서 양묘장에서 생산하기 위해 심을 때 전체 비용은 그것보다 안 들어요. 대량생산을 하니까.

• 국기훈장과 애국훈장

선생님의 양묘사업과 나무심기운동이 북한 당국에서도 굉장히 높게 평가받고 있는 것 같습니다.

2011년 해외동포원호위원회 부국장이 나한테 "원백 선생님 조국에서 훈장 받아보셨습니까?" 그래. 그래서 "훈장? 무슨 훈장, 내가 훈장 탈 일 했어?", 그랬는데 제가 한 일을 조사를 했나 봐요. 근데 통전부 얘기가 조사를 했는데 너무 퍼져 있어서 알 수 없다는 거야. 그렇지만 저는 계산방법이 있으니까 알 수 있죠. 그 사람들이 자료를 달라고 해서 A4 2장 분량으로 내용을 보내줬어요. 그걸 보고 자기들이 조사를 했어요. 입증이 필요한 사람들이니까. 일단 나진-선봉 쪽에 내용을 먼저 보냈데요.

사진 5　애국훈장(2016년 수훈)

거기서 답장이 온 게 "지금 여기 와 있는 자료보다 원백 선생님이 더 많은 일을 하셨습니다", 달라면 자료를 주겠다고 했데요. 더 이상 조사할 필요가 없었지요. 2012년 북한이 김일성 주석 탄생 100주년에 맞춰 강성대국을 선포할 때 훈장을 수여하려고 했나 봐요. 그런데 2011년 12월 17일 김정일 위원장이 서거했어요. '강성대국을 선포하면서 훈장을 받을 분이 몇 분 계셨는데' 라고 안내원이 혼잣말 했는데 위원장이 서거했으니 그건 어렵겠구나 생각했어요. 그 이후 2012년 4월 15일 김 주석 탄생 100주년에 초청받아 갔어요. 고려호텔에 묵고 있는데 저녁 8시에 갑자기 양복을 입고 오래요. 그래 나갔더니 "원백 선생님 훈장 수여식이 있습니다" 해요. 그래서 제가 "아, 그럼 도둑놈처럼 밤에 와서 하지 말고 사람 모아서 밖에서 하지" 그랬어요. 그렇게 받은 게 이제 국기훈장이에요.[11] 옛날에는 국기훈장은 받으면 사형 받을 만한 죄를 지어도 면해줬

11　국기훈장(國旗勳章)은 1948년 10월 12일 조선민주주의인민공화국 최고인민회의 상임위원회 정령으로 제정된 조선민주주의인민공화국의 첫 훈장으로, 총 3급으로 구성되어 있다. 정치적·군사적·문화적·기술적 공로 등 넓은 범위의 공로를 치하하기 위하여 수여된다(https://ko.wikipedia.org/wiki/%EA%B5%AD%EA%B

데요. 그리고 나서 2016년 다시 애국훈장을 받았어요. 통전부 부국장이 나를 위해 처음 만든 훈장이라면서 줬어요. 확인해 봤더니 진짜 처음 만든 훈장이에요. 이런 걸 보면 제가 한 일이 저 사람들이 보기에 참 바람직한 사업이었나 봐요.

6. 캐나다 동포 사회의 대북 인식과 해외 동포로서의 조국애

• 캐나다 동포 사회의 통일단체 활동

지금까지 북쪽 지역에서 선생님이 진행하신 푸른통일조국가꾸기운동, 나무심기운동에 대해 말씀 잘 들었습니다. 이제 좀 주제를 바꿔서 질문 드리겠습니다. 북한과 캐나다 외교 관계로 캐나다 동포의 북한 방문이 좀 더 수월함을 말씀해 주셨는데요. 아무래도 해외에 있다 보면 남한도 소중하고 북한도 소중한 부분일 거 같습니다. 남한이나 북한이나 정부 입장에서는 국제사회에서 동포들이 누구를 지지하느냐가 또 중요한 문제일 수 있고요. 재캐나다동포연합회는 어떤가요?

저는 서부 쪽에 있었는데 서부에는 동부에 굉장히 친북적인 인사들이 몇 사람 있다고 알려졌어요. 재캐나다동포연합은 제가 평양에 들어갈 때는 잘 몰랐어요. 평양에 들어가면서 이 사람들의 단체나 신분을 알게 됐어요. 그게 일반 동포사회에서는 잘 몰라요. 북쪽을 지지한다고 그러면

8%B0%ED%9B%88%EC%9E%A5, 2021/06/03 검색).

빨갱이라고 손가락질 하니까. 음지에 있고 대외활동을 안 해요. 그 분들이 초창기에 이산가족 찾기를 해줬어요. 캐나다는 북쪽과 이미 십 수 년 전에 외교관계를 맺었기 때문에 북쪽을 왕래하는데 수월했죠. 미국 사람들도 못 들어갈 때 캐나다에서는 재캐나다조선인련합회를 통해 북에 들어갔어요. 미국 동포들도 가족들을 굉장히 많이 만났어요. 근데 저는 그 사람들의 활동을 몰랐어요. 제가 오랫동안 봐도 그 사람들이 크게 활동하는 것은 없었어요. 지금도 회장이 있고 조직이 있지만, 회장 혼자서 움직인다고 보는 게 맞는 거 같고. 저는 동포연합회 회원도 아니고 혼자 산림복구사업을 해왔는데, 동포연합회를 알고 제가 제안한 게 있어요. 항간에 연합회를 빨갱이 조직이라고 했지만 제가 볼 때는 그런 것 같지 않았어요. 그리고 해외에는 남과 북을 대표하는 단체들이 있어요. 서로 상반된 견해가 있을 수 있지만 우리가 부딪혀서 다투고 싸워야 할 입장은 아닌데 정치가 그렇게 몰고 가고 있어요. 그래서 제가 푸른통일조국가꾸기운동을 제안했어요. 양지로 나와서 공개적으로 활동하자는 거였어요. 내가 기본사업을 내놓을 테니 북쪽에 산림복구사업을 하는 단체로 해서 모금도 하고, 사람들에게 홍보도 해서 이 단체가 이런 일을 하는구나 하는 걸 알리자고 했어요. 그리고 더 나아가 북쪽에 관광을 가고 싶어 하는 사람들을 보내고, 이산가족 찾는 일을 계속하면 좋지 않겠느냐고 제안했죠. 북쪽은 말할 것도 없고 남쪽에서도 인정받고, 동포사회에서도 인정받는 단체가 되자고 했어요. 그런데 그게 받아들이기 어려웠나 봐요. 지금도 여전히 음지에 있어요. 안타깝죠. 북쪽에 다니면 남쪽에서나 동포사회에서나 색안경을 쓰고 봐요. 제 생각엔 동포연합은 무슨 반민족행위라던가, 반남행위를 한 것이 없어요. 정치적 시각이 개입되니까 편향된 반응들을 보이는 거예요. 재외동포사회에는 그 사회의 고유성이 있다는 걸 인정했으면 해요. 저만 해도 44년을 나가서 살았기 때문에 서구사회에 동화되어 있어요. 한국에서 처음 오시는 분들은 우리를 보고 원주민이래요. 거기 토착민이라고. 겉은 노란데 벗겨보니 하얗더라는 거죠. 사고가 서구적이라는 거예요. 40여 년을 살았는데 그렇게 안 됐다면 거짓말이지요. 그래서 그런데 대한 견해차나, 이해차가 있다는 거예요. 그걸 인정하고 우리가 남쪽 조국에 가서 하는 말들 중, 귀담아 들어야 할 말이 있어요. 혹시 귀에 거슬리더라도 동포들이 북쪽을 보고, 남쪽 사회를 보고 하는 얘기를 받아들일 수 있는 포용력도 있어야 해요. 제가 하고 싶은 말은 동포사회의 고유성을 인정하고 정치가 개입해선 안 된다는 거예요. 해외동포들도 한 쪽에 치우치지 말고, 누구의 꼭두각시 노릇은 하지말자는 거예요.

• 조국을 위한 행위는 일종의 '운명'

남한에서 보통 시민들은 어찌 되었건 북측과 왕래하고 교류를 하게 되면 친북이라고 쉽게 낙인찍는 경향이 있습니다. 그러다보니 북한에 한 번 다녀오는 것만으로도 동포사회에서 완전히 고립되는 경우도 생기는데요. 해외동포들에 대해 새로운 관점으로 접근해야 될 필요가 있겠습니다. 선생님의 선친은 한국전쟁 당시 경찰로 참전하셔서 북한과 전투 중에 돌아가셨습니다. 그리고 캐나다로 이민을 가셔서 2000년대에 접어들어 북한에 나무심기를 통해 한반도 평화와 통일을 꿈꾸시는데요. 대표님의 인생역정으로 봤을 때 아이러니한 측면도 있다고 볼 수 있습니다. 선생님 개인사적 측면에서 북측에서의 일은 어떤 의미를 지닌 것인지요?

그러니까 그걸 영어로 하면 프리데스티네이션(pre-destination), 숙명, 운명이라고 할 수 있을 것 같아요. 내게 주어진 일이라면 순응하고, 그 대신 바르게 하자. 여기서 바르다는 것은 한쪽에 치우치지 말고 조국과 민족을 위한 일을 하자. 내가 잠깐, 몇 십 년 살고 가는 인생이지만 그래도

내게는 조국이 있기 때문에 그 일원으로 이름은 못 날지언정 흔적이라
도 남기고 가자는 생각이 있어요. 여기에는 아버지의 영향이 크다고 생
각해요. 제 속에 아버지의 피가 흐르니까. 저는 아버지가 한국전쟁에서
전사하신 것에 대해 굉장한 자부심을 가지고 있어요. 아버지가 조국에
목숨 바쳤다는 데 대해서. 제가 캐나다를 갈 때는 누님이 먼저 가셔서 초
청장을 보내서 제가 간 거예요. 그런데 떠난 보다 근본적인 동기는 저는
아버지를 자랑스럽게 여기는데 국가나 사회가 우리에게 굉장한 열등감
을 줬기 때문이에요. 국가가 우리를 먹여 살린 것도 아니에요. 학교만 고
등학교까지 무상교육을 시켰어요. 그걸 우리한테 굉장히 자세(籍勢)한다고
느꼈어요. 어린 내가 중학교 때 굉장히 상처를 받았어요. 그래서 그런 것
에 대해 좋지 않은 감정을 가졌어요. 제가 떠난 데는 그런 이유도 컸어요.

　　어머니가 한 번은 절 보고 "너희 아버지 바보야" 그렇게 말씀하세요.
왜 그랬냐면 아버지가 경찰로서 김포 저쪽에 해안경비대 대장을 하셨답
니다. 그런데 그때 당시에는 경찰이 전투의무가 없었데요. 치안 유지지.
우리 외삼촌이 군의관이라서 피난하시라고 쓰리쿼터를 보냈데요. 그래
우리 어머니가 피난을 가자 하니까, 아버님 말씀이 "내가 도망을 가면 내
밑에 300명 부하가 오합지졸이 된다" 그러면서 거절하셨대요. 아이들 데
리고 먼저 가라 하시고 부하들을 데리고 수원전투에 참전하셨다가 전사
하신 거예요. 어머니 말씀은 전투에 참여 안 해도 됐다는 거죠. 올망졸망
한 다섯 자식을 둔 30대 초반의 어머니가 남편이 전사했다는 통지를 받
고 얼마나 안타까우셨겠어요. 제가 돌이켜보면 어머니 눈물을 보지 못했
어요. "나는 네 아버지 전사했다는 통지를 받고 얼마나 울었는지 그 후
론 눈물샘이 말라서 울지를 못 한다" 하셨어요. 그런 인생을 살아오신 거
예요. 너무도 큰 설움에 눈물샘도 말라버린 어머니. 그것이 6.25 희생자
들의 삶이에요. 얼마나 많은 사람들이 그걸 이해하겠어요. 우리 5형제가
살아온 과거를 이야기하자면 굉장히 힘들어요. 기억하기도 싫고. 그렇지

만 처자식을 뿌리치고 전선으로 가셨던 아버지의 애국심, 조국관이 저의 삶에 남았어요. 제가 북에 가서도 그 얘기를 합니다. 그들도 제 아버지가 그리된 걸 다 알아요. 나는 아버지의 선택을 지금도 존중합니다. 그때 아버지가 선택한 길은 그 길이고, 아들인 나는 지금 이 길을 가는 거예요. 그리고 북쪽에서도 선언하고 일을 하는 거죠.

7. 남측 지원 사업과 대북관계 설정의 문제들

• '겨레의 숲'을 만드는데 참여하다

선생님 '푸른통일조국가꾸기운동'을 진행하시면서 2007년 '겨레의 숲' 설립에 참여하시게 되는데요. 이에 대해 말씀 부탁드릴게요.

북쪽에서 나무심기를 하면서 처음부터 저는 후원을 받지 않았어요. 제가 목사 안수를 받았기 때문에 교계로부터 후원을 받았을까 생각하시는데 그렇지 않아요. 개인적으로 지원해주시는 분들이 몇 분이 계셨는데 내가 분명히 말씀드렸어요. "이건 선교 사업이 아니다". NGO사업이니 그렇게 이해해 달라고. 그래서 초기 자금은 제 개인자금으로 했어요. 점차 사업이 커지다 보니 제 손을 벗어나기 시작했죠. 그즈음에 '우리민족서로돕기운동'에[12] 초청을 받아 참석했는데, 제가 하는 일을 듣고서 굉장히

---

12 〈우리민족서로돕기운동〉은 북한의 극심한 식량난이 외부세계에 알려지고 북한이 긴급지원을 호소하던 1996년 6월 21일에 창립했다. 창립 당시 한국의 천주교,

놀라서 '개인이 어떻게 이런 엄청난 일을 하느냐', 자기들 단체는 산림복구 사업은 생각도 못했다는 거예요. 그래서 저에게 제안한 것이 우리민족서로돕기운동 해외지부를 만들어 해외집행위원장을 맡아달라는 거였어요. 그러다 일이 진척이 안됐는데 그 이후 제가 당시 '우리민족' 사무총장으로 계셨던 이용선[13] 사무총장을 설득해서 '겨레의 숲'을 만들게 됐어요. 사실 제가 북에 산림복구사업을 해서 개인적으로 큰돈이 들었지만 그건 상징일 뿐이라고 할 수 있죠. 개인은 물론이고 단체까지도 상징이라고 할 수 있어요. 북쪽 황폐된 산림을 개인이 복구한다는 건 천부당만부당 어림도 없는 일이에요. 가장 타당한 방법이 남쪽 정부가 북쪽 산림복구 사업에 참여하는 것이라고 생각해요. 어차피 남쪽이 통일기금을 만들어놓고 있으니까 기금을 매년 투입해서 통일에 대비해 산림복구사업을 해놓자는 거죠. 그래서 '겨레의 숲'을 만들게 됐어요.

이런 조직을 만든 건 제가 한국에서 공식적으로 지원받을 배경이 없었기 때문이기도 해요. 한 번은 통일부에서 보자 그래서 갔어요. 내가 통일부 연구원에서 토론하는 걸 듣고서 초청을 하더라고요. 가서 통일부 국장들을 만나 얘길 들어보니까 이 사람들은 정책을 시행하는 공무원이지 남북관계를 민족관계로 보는 사람들이 없는 것 같았어요. 한 두 시간 이야기 하다가 제가 "당신들도 산림복구사업에 관심을 갖고 있으니까 내가 통일기금을 쓸 수 있게 해달라"고 제안했어요. 그랬더니 제가 해외동포라서 줄 수 없다고 해요. 그래서 제가 "그럼 왜 외국기관은 주나"고 반문했어요. 대답을 못해요. 참 모순된 이야기죠. 해외단체를 통해 가면

기독교, 불교계 등 6대 종단과 주요 시민사회단체가 함께 참여했다. 인도적 대북지원과 남북 간 교류사업을 통해 남북 간의 반목과 대립을 깨고 한반도의 평화정착과 민족의 화해와 공존을 이루어가는 데 기여하고자 한다(우리민족서로돕기운동 홈페이지, http://ksm.or.kr/?charity-project=vision, 2021/06/03 검색).

13 현(21대) 더불어민주당 양천구 을 국회의원이다.

사진 6 2007년 4월 2일 '겨레
의 숲' 창립식에서(이사로 참여)
『통일뉴스』(2007/04/02)

생색은 그들이 내요. 그리고 비용이 엄청나게
나가요. 캐나다 정부가 국제기구를 조사했는
데요. 캐나다에서 활동하는 NGO부터 국제적
십자까지 조사를 했는데 모금한 돈을 가장 많
이 쓰는 게 적십자사예요. 돈을 기부 받아서 몇
프로를 썼을까요? 30%밖에 쓰지 않아요. 가장
투명하다고 할 수 있는 적십자가 모금액수의
30%를 본래 목적에 써요. 남쪽에서 5백만 달러
를 준다고 해도 북으로 얼마가 가는지 몰라요.
왜 이런 식의 지원 정책을 하느냐는 거죠. 만일
제가 해외동포라 안 된다면 남한에 있는 지원 단체를 활용하면 됩니다.
그러면 실질적인 대북 지원이 훨씬 늘어날 거예요.

• 남측 지원사업의 특성과 한계

남측에서 선생님의 작업을 보면서 지원을 한 단체들도 많았을 것 같은데요. 그
상황은 어떤지요?

서울대에서 한 번은 정부 자금을 받아 나무를 북에 들여가는 용역을 한
적이 있어요. 근데 그걸 북에 못 들여가서 저한테 부탁을 해 한 번 들여
준 적이 있어요. 그러니까 아무 대책 없이 일만 벌여놓은 거죠. 참 안타
까운 것이 비용의 낭비라고 할까? 예를 들어서 김대중 대통령이 올라오
고 남북관계가 잘 되는 것 같으니까, 사회단체들이 너도나도 나무를 보
낸다고 난리가 났어요. 저는 이미 나무를 들여다 심었죠. 계속 말씀드렸
던 속성 포플러 나무들. 인제 남쪽 단체들이 거기에 영향을 받아서 나무

를 들여보내는데 참… 안타까운 것은 나무를 들여가는 것도 그걸 해본 경험자들, 전문가들이 붙어서 그걸 해야 하는데 단체들은 그냥 보내기만 하는 거지. '보여주기식 지원'을 하니까. ◯◯◯단체는 한 8천만 원어치를 지원했어요. 근데 가서 그쪽 하역작업이나 물건을 들여가는 실무적인 과정을 안 챙기고 그냥 물건만 보낸 거예요. 그러니 북측에서 하역을 해줍니까? 창고에 그냥 컨테이너 채로 서 있게 됐죠. 그리고 컨테이너도 그냥 드라이 컨테이너를 보내면 안 돼요. 냉장이 되는 저온 컨테이너가 있어요. 하역 기간이 2주가 걸렸는데 그냥 일반 드라이 컨테이너를 넣으니까 묘목이 다 죽었어요. 그런 우를 범했어요.

그리고 지난 10년, 이명박, 박근혜 대통령 들어와서는 그런 사업들을 못 했어요. 지금 지원도 여전히 우를 범하고 있어요. 북쪽이 원하는 물건과 필요에 의해 물자 같은 게 들어가야 하는데 잉여물자 주듯이 자기네가 정해서 주는 거죠. 그런 건 하등의 필요가 없어요. 그러니까 북쪽이 문재인 대통령 들어와서 내건 것이 "남쪽 지원 안 받는다"는 거예요. 몇 주 전에도 북에 콩기름을 보낸다고 했는데 그게 우리 남쪽의 이름으로 못 가고 중국 회사 이름으로 들어가요. 이게 무슨 일입니까? 왜 우리가 할 수 있는 일을… 안 되면 해외동포 기관이 해도 돼요. 정부는 WHO나 국제기구를 통해 북을 지원하겠다고 하는데 우리 단체들이 있어요. 그런데 우리 단체가 아닌 외국단체를 통해 지원하는 거죠. 안타까운 일이예요.

나무심기와 관련해서 '평화의 숲'이나 '생명의 숲', 동북아산림포럼, 내셔널트러스트(National Trust)운동 이런 단체들이 있는데요. 이들과 협력해보신 적은 있으신지요?

단체 속성이라는 게 자기 이름으로, '내가 해야 된다'는 거예요. 남쪽 단체에서 북쪽에 '영유아 및 어린이 지원사업'을 할 때 자기네가 못 움직이니까 나한테 부탁해서 회령, 온성 쪽 사업을 5년간 했어요. 물건을 보내면 길을 열어주고, 평양에서 허가를 받아주고, 내가 직접 들어가서 실무적인 일들을 처리하고 했어요. 그런데 결과적으로 보면 현지에서 일한 사람들의 이름은 하나도 안 들어가요. 내가 바라는 것은 아니라도 그렇게 일을 했는데 단체가 다 한 것으로 되니까. 단체 업적으로 만 기록돼요. 그리고 이것보다 더 큰 문제점은 이름을 걸고, 이름을 내려고 하는 일은 지속성이 없다는 거예요. 문제가 생기면, 어려움이 생기면 더 이상 일을 진행하지 않아요. 일관성, 지속성을 갖지 못하더라고요.

• 정치적 사안과 무관하게 나무심기 사업의 지속성을 보장해야

어려움은 있었지만 선생님께서는 사업을 잘 해 오신 것 같습니다. 북한 미사일 발사나 핵실험과 같은 중대한 사안이 발생하면 대북협력사업이 지체되고, 큰 영향을 받게 되는데 나무심기운동은 그걸 잘 비켜간 것 같아요.

그걸 비켜간다기보다 남쪽에서 하는 일은 다 막히고, 우리가 하는 일만 살아남아 있는 거라고 할 수 있어요. 남측의 참여는 문제가 생기면 쉽게 끊기고 말아요. 안타까운 것은 그런 일이 있어도 진행하는 주체들의 열성이 있어야 되는데 그렇지 못하니까 그만두게 돼요. 미사일이나, 핵문제, 남북, 북남관계에 정치적인 문제가 생기면 민간이 못 움직여요. 이게 제일 큰 문제에요. 남쪽과 북쪽이 서로 대립된 상황에서 북이 미사일을 쏜다면 굉장히 큰 문제죠. 제가 토론회 같은 곳에 나가서 이야기할 때 그래요. "북쪽의 미사일이 우리(남쪽)를 향한 것이 아니지 않냐? 미국과 대립하는 건데 그걸 왜 자꾸 남쪽에서 도발이라고 이야기 하느냐?" 근데 여기 학자나 언론 모두가 그걸 도발이라고 해요. 그런 사고에서 벗어나야 해요. 촛불정부라고 하는 문재인 정권에서도 그 틀을 벗어나지 못하고 있으니까.

미사일 발사, 핵실험 이런 것들이 국제 사회, 특히 미국이 주도하는 유엔에서 대북제재를 가중시키는 국면으로, 부정적 상승작용을 일으키고 있는데요. 중국 북경에서 있었던 대북엔지오(NGO)토론회에 참석하신 적 있으시지요? 그 토론회에서 참석자 중 한 분이 대북제재론을 주장했다고 하던데요.

그게 굉장히 위험한 발상이에요. 우리 NGO(Non-Governmental Organization)라는 게 비정부기구인데, 이게 한 국가의 핵 실험, 인권 문제에 개입하겠다고 선언하는 건 문제가 있어요. 남쪽의 한 단체가 그런 주장을 하기에 제가 발언권을 얻어 반박을 했어요. NGO가 그런 문제에 개입하게 되면 NGO로서의 정체성을 잃게 된다. 특히 북쪽을 위한 대북협력 지원 단체들이 그런 주장을 하면 활동의 동력을 상실하게 된다. 북쪽에서 더 이상 신뢰하지 않을 테니까. 그러면서 북쪽 사람들 이야기를 전해줬어요. 토론회 참석 전 제가 북쪽에서 바로 나왔는데, 북쪽은 제재상태라 굉장히 힘들어 했어요. 북쪽에서는 "이럴 때 아무 이유 달지 말고, 조건 없이 우리를 도와주면 좋지 않겠느냐?" 그게 진심이죠. 그 어려울 때 우리를 도와주면 감사하게 생각하지 않겠느냐는 얘기죠. 이런 상태인데 북한 지원, 협력단체들과 관계를 맺고 있는 사람들이 모여 대북 핵문제, 인권 문제를 얘기해야 되겠냐고 했어요.

대북제재론의 입장은 사실 어찌 보면 북한의 정책이나 입장의 변화를 강요하는 거죠.

예를 들어서 제가 이명박 대통령이 당선되고 10월 2일 청와대에서 만나자고 해서 들어갔어요. 비서관 두 명, 행정관 한 명과 이야기를 하는데, 그쪽에서 "선생님 북쪽이 어떻게 변화될 것 같습니까?" 물어요. 그래서 "대통령 후보시절 비핵·개방 3000을 주장하지 않았어요?[14] 그때 북쪽의 반응이 어땠나요? 1월 공동사설에서 '이명박 역도'라는 표현을 39번을 썼어요. 그 정책이 정말 싫다는 표현을 한 겁니다"라고 했어요. "비핵·개방 3000이 뭐냐? 북한이 핵을 포기한다면 외국 차관 300억 달러를 들여다가 북에 투자해서 10년 동안 GNP를 3,000달러로 올리겠다는 정책이죠? 남쪽 돈도 아니고 차관이에요. 자 그러면 한 번 우리 입장을 바꿔서 얘기해보자. 만약 북이 중국이나 소련에서 300억 달러를 빌려 남쪽에 투자한다면 남쪽은 무장해제를 하겠습니까?" 그러니까 대답을 못해요. "당신들이 요구하는 게 그거요. 재래식 무장, 장비는 남쪽이 우월하다고 남측에 얘기하잖습니까. 그러면 저쪽에서 살아남을 수 있는 길은 핵개발이죠. 그래서 올인하는 건데 그걸 포기해라? 니들 망하라는 소린데 그걸 선택하겠냐? 이라크와 리비아를 봤는데 그걸 받아들일 수 있겠소?" 그렇게 말했어요. 되지 않는 걸, 나는 못하는 걸 남에게 강요하는 게 비핵·개방 3000이라고 이야기했어요.

사실 이명박 대통령도 북쪽의 산림복구사업의 필요성에 대해서는 인정하고 있었습니다. 사업가였기 때문에 북쪽의 상황을 사업가의 눈으

---

14 '비핵·개방 3000'은 이명박 대통령의 후보시절 공약으로, 북한이 핵을 포기하고 국제 사회로 나오면 10년 내에 1인당 국민소득 3천 달러가 되도록 지원하겠다는 것이었다. 정부는 이같은 구상을 바탕으로 2008년 8월 '비핵·개방 3000'의 구체적 이행계획을 발표했다. 당시 정부는 ▲북한의 핵시설 불능화 완료 ▲북한의 핵 폐기 이행 ▲북한의 핵 폐기 완료 등 3단계로 구체적 이행계획을 구분했다. 3단계에서 5대 개발 프로젝트를 본격 가동하고 400억 달러의 국제협력자금을 조성하여, 북에 연생산 300만 달러 규모의 수출기업 100개를 육성한다는 등의 내용과 함께 산림녹화 계획도 담고 있었다(『연합뉴스』, 2009/07/21).

로 봤을 때는 미리 투자하는 게 낫다는 거죠. 나중에 만약 남쪽이 북을 흡수통일 한다면 북한의 산림을 회복시키기 위해 들어갈 돈이 어마어마하다는 걸 알았을 거예요. 차라리 국민의 호응, 지지를 얻어 통일기금을 활용해 복구해 나가는 것이 바람직할 것이라는 계산이 나왔을 거라 봐요. 그런데 천안함 사건이 터지고 5.24조치가 발동되면서 모든 게 무화됐죠.

산림과 관련해서는 최근 정부 차원에서 북한과 공식적으로 공동사업을 하기 위해 노력하지 않습니까? 정부 차원에서 추진하는 사업을 어떻게 보십니까?

그 얘기를 할려면 북한의 최근 상황을 알아야 해요. 122양묘장이라고 들어보셨나요? 조선인민군 122호 양묘장. 황주 가는 길에 있어요. 군대에서 조성한 건데 김정은 위원장이 북쪽 양묘장의 기준을 제시한 거예요. '앞으로 양묘장은 이런 식으로 현대화해라'.[15] 군대에서 한 거라서 특히 잘했고, 완전 북한 자력으로 한 거예요. 어디 지원을 받지 않았고요. 원래는 네덜란드에 양묘시설을 사러 갔는데, 제재 때문에 안 팔더래요. 그래서 자기 나름 설계를 해서 지었어요. 잘 지었어요. 김정은 위원장이 사령관이 돼서 2016년 '조국산림복구사업 10개년 전투사업'을 선언했어요. 그만큼 산림복구에 대한 필요성을 인지한 거죠. 그전 김정일 위원장도 그걸 잘 알았어요. 평양이든 나진이든 가서 TV를 보면 "조국의 원림화, 수림화를 위해서 수종이 좋은 나무를 많이 심어야 합니다. 김정일" 하고

---

15 2016년 5월 준공한 송림시 석탄리 소재의 양묘장이다. 김정은 북한 국무위원장이 재건을 지시한 것으로 알려졌다. 김 위원장은 122호 양묘장을 직접 방문해 "후대들을 위해 우리가 꼭 해야 할 만년대계의 애국사업인 산림복구 전투의 성과를 위해 이렇게 과학화, 공업화, 집약화가 완벽하게 실현된 양묘장을 건설해 놓으니 정말 기분이 좋다"고 말했다고 한다(『이데일리』, 2018/09/19).

사인해서 하루에도 몇 번씩 내보내요. 그때는 그 이상 큰 발전이 없었어요. 그런데 2016년 전투사업 선언은 달랐어요. 산림복구사업 10개년 전투사업을 선포하면서 산림국을 산림총국으로 승격시켰어요. 그만큼 의지가 있는 거죠. 그런 걸 보고 제가 '아, 이제 북쪽의 산림복구사업은 우리가 안 나서도 되겠구나' 생각했어요. 자기들이 필요성을 느끼니까. 제가 한 작업은 상징성이라고 하지 않았습니까? 우리는 상징이에요. 상징성을 부여하고 그 사람들이 받아들여 일을 해나가야지. 처음부터 끝까지 다해 줄 수는 없잖아요. 북측 당국이 직접 나서면서 남측 개인이나 단체가 지원하는 데는 한계가 왔다고 봐요. 이제는 정부가 나서야 돼요. 남쪽 정부가 투자를 해야 돼요. 통일 후의 비용을 생각해야 된다는 거예요. 지금 독일의 사례를 보세요. 서로 소통하고 교류하면서 통일을 한 사람들도 지금까지 제대로 합치지 못하고 있어요. 근데 우리는 완전히 원수, 괴뢰라고 서로 비난하며 살아왔어요. 그걸 회복한다는 건 굉장히 힘든 일이죠. 그래도 그나마 지금 북쪽에 가면 북측 사람들이 김대중, 노무현 대통령 때를 회상해요. "우리는 그때 다 통일되는 줄 알았습니다." 이렇게요. 우리가 먼저 해야 할 일은 '마음을 회복'하는 거예요. 우리가 지원이라는 말을 많이 쓰는데 제가 남쪽 단체 측에다 '지원'이라는 말은 빼자고 했어요. 지원은 단체 대 단체, 개인 대 개인이 지원이지, 일개 단체가 국가를 지원한다는 건 말이 안 된다. 국가 대 국가가 지원이죠. 남쪽에서는 대개 북한 정부 쪽으로 물건을 보내면서 다 지원이라 하는데 말이 안 돼요. 제가 그래서 '협력'이란 말로 바꾸자고 했어요. 지금은 대북협력이라는 말을 많이 써요.

　정부 차원의 지원에서 문제는 일관성이 없다는 거예요. 남쪽 정부는 정권이 바뀜에 따라 대북관이 달라져요. 진보가 집권했을 때하고 보수가 집권했을 때 180도 달라지는 건 바람직하지 않아요. 국가가 참여해야 할 사업인데 그게 안 되니까 단체들이 생겨나서 단체 이름으로 움직이다가 정권이 바뀌면 중단되고… 그러다보니 하는 분들은 많은데 실제 들여다보면 이루어진 게 많지 않아요. 정세가 좋아지면 나무를 심는다고 단체들이 우후죽순처럼 달려들어요. 그러다가 정세가 나빠지면 완전히 후퇴해서 빠지고. 사업의 연속성이 없어요. 지난 10년(이명박, 박근혜 정권)에 사업 진행 중이던 나무는 다 죽었고. 민간단체가 정권의 변화에 따라 흔들리는 거죠. 그렇더라도 정부가 못한다면 민간영역이라도 풀어놓아야 해요. 정권의 변화와 관계없이 민간이 움직일 수 있다면 여태까지 일방적으로 진행되던 북에 대한 교육이나, 선입견, 편견 등을 벗어날 수 있고, 장기적으로 민족이 소통할 수 있는 장이 마련될 수 있을 거예요.

8. 남북 경제 협력의 필요성

• 북중 경제관계를 통해 본 남북 경제관계 진전의 필요성

앞에서 정치적 문제와 남북관계에 대해 말씀해주셨는데요. 주제를 좀 달리해서 북중 관계에 대해 질문 드릴게요. 북중 관계를 흔히 순망치한이라고 하면서 혈맹관계로 이야기하는데요. 이게 중요한 이유는 북한의 대외무역 자체가 직간접적인 것 다 포함하면 거의 90% 이상 중국을 통한 것 아닙니까? 이런 현실이다 보니 중국의 북에 대한 영향도 클 수밖에 없을 것 같은데요. 이 문제를 어떻게 생각하시나요?

제가 북에 마지막에 갔던 게 지난 8월인데요. 제가 뭘 좀 살게 있어서 평양 상점에 들어갔어요. 내가 가니까 한 세 살 난 여자 아이가 "니 하오"

그러면서 중국말로 인사를 해요. 그래 제가 하도 기가 막혀서 "아가야, 나 조선 사람이야" 그러고 얘길하니까 놀랐어요. 직원들하고도 이야길 해보니 심각하다는 걸 느꼈어요. 물건뿐만 아니라 경제의 80%~90%를 장악한 것으로 보여요. 경제봉쇄 때문에 현재로서는 어쩔 수 없는 부분도 있어요. 물품이 들어올 수 있는 길이 다 중국이고, 물품도 중국 것들이니까. 제가 2000년에 북에 갔을 때 나진-선봉 장마당에 전부 중국 물건이었어요. 굉장히 거부감을 느꼈어요. 왜 이런 것들조차 우리가 못 만드느냐. 그런데 세월이 가면서 김정은 위원장이 이런 상황을 피부로 느끼기 시작했어요. 이렇게 해서는 안 된다는 거. '생필품을 국산화하라'. 그래서 백화점에 가보면 중국 물건이 많이 빠졌어요. 공산품을 중심으로 중국 물건이 장악하고 있죠. 그래도 식품 종류는 국산으로 대체하고 있어요. 그러다 보니 북쪽이 중국 영향을 안 받을 수 없어요. 제가 산림 복구하는 사람으로서 가슴 아픈 일이 조중 국경에 가보면 원목들이 수도 없이 잘려 나와요. 하루에도 한 50트럭씩. 무산광산 철광도 40트럭~50트럭이 나와요. 전부 헐값에 나오는 거예요. 어차피 그 사람들은 팔아야 하는데 그걸 남쪽에 팔면 2배~3배는 받을 텐데, 정치가 그걸 막고 있는 거예요. 굉장히 가슴이 아팠어요. 원시림의 나무들이, 거목들이 잘려서 중국에 헐값으로 들어오는 걸 보고서 참 남북 간의, 북남 간의 교류가 절실하다는 걸 여실히 느꼈어요.

　더 큰 문제는 중국 문화가 북쪽 사람들의 생활 속까지 침투해 들어온다는 거예요. 남쪽이 빨리 이걸 깨달아야 해요. 정치인만이 아니라 국민들도 이걸 알아야 해요. 지금 가장 문제가 되는 건 북쪽 정권 붕괴론이에요. 북이 붕괴되면 어떻게 될 것인가? 미군이 들어가서 국정을 인수하나요? 아니면 남쪽이 들어가서 인수하나요? 중국은 그 준비를 벌써 수십 년 전에 했어요. 조중 국경, 두만강, 압록강 이쪽에 다리만 있으면 거기다 다 고속도로를 놨어요. 고작해야 트럭이 하루에 몇 대 다니고, 열 사람, 스무 사람 다니는 곳에도 고속도로를 다 깔았어요. 시골길 같은 데다도 고속도로를 깔았어요. 제가 그걸 보고 뭘 느꼈느냐면 독일의 아우토반 고속도로 같은… 아우토반 고속도로의 목적이 뭐예요. 유럽 침략 아니에요? 제가 보기에 중국이 고속도로를 그렇게 놓을 이유는 그거밖에 없어요. 남쪽에 왔을 때 한 번 제가 그걸 경고했어요. 이대로 가면, '북쪽이 무너지면 북쪽 땅은 중국이 들어갈 준비를 하고 있다'. 다니면서 보면 그런 우려를 하지 않을 수가 없어요. 그런데 남쪽의 대북 전문가라든지 학자들은 이상하게 다른 쪽, 정권이 무너진다는 데 포커스를 맞추고 있어요. 무너진다고 하더라도 그 후를 어떻게 대비할까에 대해 준비를 안 하는 거죠. 북쪽이 넘어지면 안 되죠. 지금부터라도 우리가 평화 통일할 수 있는 기반을 만들어 줘야 하는데 자꾸 대립만 하고 봉쇄만 하면 점점 더 어려워질 수밖에 없어요. 정치 개입 없이 남과 북, 북과 남이 교류하게 되면 한 민족, 한 동포라는 동질성을 빨리 회복해 갈 수 있어요. 그게 필요한 거예요.

• 상생의 경제 공간, 개성공단

남북한 관계에서 많은 사람들이 북한을 지원한다거나, 남한이 우위에 선 관점에서 남북관계를 설명하는 경우가 많습니다. 선생님은 교류 · 협력을 계속 강조하시는데요. 남북 간 경제협력이라고 하는 부분에서 봤을 때 서로 공통된 이해관계가 있어야 현실적으로 가능하지 않을까요? 이 부분은 어떻게 찾아가야 할까요?

그건 이미 시도가 됐던 좋은 예가 있습니다. 개성공단이지요. 개성공단을 통해 남쪽 기업들은 아주 저렴한 인건비로 북쪽의 노동력을 활용했어요. 개성공단에 들어간 기업인들 중에 다시 돌아가고 싶은 사람들이 아마 80%~90%는 될 겁니다. 지금 한국 기업이 이미 중국에서 철수하고, 베트남, 캄보디아, 라오스 등 동남아로 빠져요. 그 기업들이 개성공단이나 북쪽에 다른 공단을 개발해서 사업을 한다면 양쪽에 다 이득이 되는 윈윈(win-win)프로젝트가 될 수 있는데 그걸 못하고 있으니 안타깝죠. 남측이 자본과 기술, 장비를 투여하고 북측이 인력을 투여해서 인프라를 개발하고 남측에 사업의 우선권을 주면 그야말로 서로 주고받는 좋은 사업이 될 수 있을 거예요. 우리가 개발하고 투자해서 민족의 공동이익을 창출해 가는 그런 사업을 해야 된다는 거예요. 또 북쪽에는 굉장한 광물자원이 있어요. 그건 자타가 공인하는 거예요. 지금 우려되는 거는 앞에서도 이야기했지만 중국이에요. 중국이 광산 이쪽에 굉장히 많이 들어가 있어요. 준비도 하고. 그래서 북쪽의 많은 전문가들이 유치를 위해 중국에 나와 있어요. 제가 아는 사람도 몇 있어요. 그런데 이걸 남쪽에서 투자하고 북쪽이 같이 국책사업으로 하거나, 돈이 많이 필요한 사업이니 대기업이 들어가 참여하면 서로 좋은 프로젝트가 되지 않을까 생각해요.

북한의 여러 곳을 가보셨을 때 인프라 구축이 잘 되어 있지 않습니까?

인프라라고 하면 어떤 조건, 어떤 요구에 의해 평가하느냐에 따라 다른데 북쪽은 주민 사는 데도 불편해요. 자본주의 사회의 눈으로 볼 때 생산성을 위해 그 시설을 이용할 수 있냐, 그건 아니에요. '북한에 사회기반시설을 먼저 구축하고, 부수적으로 생기는 사업들을 하면 좋지 않겠는가' 하는 얘기는 많은 사람들이 해왔어요. 저는 북쪽에서 정책적으로 기반 시설을 구축하기 위해 만들었던 청사진을 가지고 있어요. 책 한 권으로 나와 있는데 이미 한 15년 전 거예요. 지금은 더 발전했겠죠. 그때 규모로도 사업이 수십억 달러짜리들이에요. 도로, 철도, 이것뿐이 아니고 모든 걸 우리가 같이 한다면 좋은 결과를 이뤄낼 수 있는 일들이죠.

흔히 남한에서 남북 교류를 비판할 때 퍼주기 문제를 제기합니다. 개성공단 같은 경우에도 노동자들의 임금 중 일부가 당으로 들어가거나 핵무기 개발에 쓰였다. 이런 식으로 얘기하면서 대북교류협력을 부정적으로 폄하 하려는 부분들이 있는데요. 현장에서 직접 보셨기 때문에, 과연 남북경협을 통한 북쪽 수익이 그런 방향으로 쓰일까요?

이 부분은 좀 예민한 문제지만 상식선에서 얘길 해야 해요. 페이스북에 김진향 개성공단 지역 기업지원협회 이사장이 '북한 퍼주기는 조작된 일이다'라는 내용의 글을 올렸어요. 김진향 이사장이 4년 간 개성공단에 있었어요. 개성공단은 필요에 의해 교환이 되고, 거래가 되는 관계였습니다. 남쪽 기업인들은 굉장히 싼 노동력으로 좋은 인력을 활용해 상품을 만들어 외국에 수출할 수 있었고, 국내에서도 팔았어요. 이걸 알아야 해요. 개성공단에서 처음 임금 책정할 때 남측에서는 150달러까지 안을 준비했어요. 최악의 경우는 200달러까지도 생각했어요. 그게 그 당시 중국 인건비 시세보다 조금 낮아요. 그런데 교섭 중에 북쪽에서 들고 나온 게 53달러인가, 50달러 대로 책정한 임금이었어요. 남쪽에서 깜짝 놀랐죠. 북측 이야기가 자기네 지도자가 '이거는 민족적인 사업이기 때문에 돈 보고 하지 마라. 서로 교류를 해서 좋은 결과를 맺기 위해 인건비를 낮춰라' 해서 50달러 대의, 정말 턱도 없는 월급안을 내 놓은 거예요. 남쪽 기업의 입장에서 보면 저렴한 인건비, 그다음에 거기는 노동운동이 없죠. 그리고 그 사람들이 수입이 생기면 남측도 세금을 받아 가지 않아요? 제가 노동자들의 세금은 잘 모르지만, 캐나다의 경우는 45%까지 세금을 냈어요. 일주일에 1,200달러~1,400달러를 냈어요. 수 십 년 전에요. 거기도 세금으로 흡수하겠죠. 근데 정부에 돈이 들어갔다고 해서 핵 개발에 쓰였는지, 아니면 정부, 무슨 다른 사업에 들어갔는지 우리는 확인 못하죠. 그게 핵개발에 들어갔다는 건 하나의 억측이라 생각해요. 그리고 사실 퍼주기는 안 돼요. 자꾸 주기만 하면 내성이 생겨서 그 가치를 몰라요. 기업은 투자를 해서 이윤을 받아올 수 있는 방법을 찾고, 국가는 차관을 제공해 수익이 나오면 차관을 상환 받아야 해요. 그게 합당한 방법이라고 봐요. 그냥 준다는 건 밑도 끝도 없는 얘기죠. 급할 때, 북쪽에 수해가 났다거나, 가뭄이 왔다거나 해서 급한 상황이 되면 남쪽에서 적극적으로 도와야죠. 외국에서도 주는데 남쪽에서 왜 못줍니까? 한 예로 1984년 남쪽에서 수해가 났을 때 지원물자로 북쪽에서 쌀과 시멘트가 내려왔어요. 그런 경험이 있는데 북쪽 동포들이 어려울 때 도와주는 것까지 '퍼주기'로 이야기 하는 것은 바람직하지 않다고 봐요.

• 북쪽의 독자노선과 경제구조의 변화

북한 조선노동당 중앙위원회 제7기 제5차 전원회의(2019년 12월 28일~31일)에서 김정은 위원장이 "허리띠를 졸라매서 존엄을 지켜야 된다"고 이야기했습니다. 그 의미에 대해 어떻게 생각하시는지요?

정치는 제 전공은 아닌데… 북쪽에서는 2019년 연말까지 미국의 변화가 없으면 자기들끼리 새로운 길을 가겠다고 공언해 왔어요. 당시 회의 결과를 보면 북쪽이 트럼프(Trump) 대통령에 대한 기대를 접은 것 같아요. 북이 무력시위나 이런 것은 하지 않지만 이제 독자노선을 가겠다는 의지를 밝힌 것 같아요. 허리띠를 졸라맨다는 게 하루 이틀 일은 아니에요. 이미 90년대 중반부터 김일성 주석 서거 이후 '고난의 행군'이라는 엄청난 어려운 시기를 지나왔어요. 그때부터 시작된 '허리띠 졸라매기 운동'이 지금까지 지속되고 있는데 우리가 현장에서 보면 북쪽 사람들의 사고가 조금 위험한 수준으로 가고 있어요. 남쪽에서는 "저 사람들 고난의 행군 간다"고 말로 하지만, 저 사람들에게는 생존이 달린 문제예요. 남쪽에서는 고난의 행군 시기 300만이 아사했다고 하는데 사실 그건 맞지 않는 숫자예요. 북쪽에서 활동하고 있는 국제기구들의 자료에 따르면 고난의 행군 기간에 15만 명 인구가 줄었어요. 제가 사람들하고 이야기해보면 젊은 사람들이 애를 안 낳으려고 해요. 왜? 애를 낳으면 먹여 살려야 하잖아요. 노인과 어린아이들이 제일 먼저 희생됐어요. 그때는 사실 저소득층에서 불만이 많이 나왔어요. '이렇게 힘들 바에야 차라리 전쟁이나 하는 게 낫지 않겠느냐. 이렇게 죽으나 저렇게 죽으나 마찬가지다'. 이런 생각을 했어요. 그런데 그 후 한 15년 지난 후에 요즘 제가 듣는 무서운 이야기가 있어요. 제가 보기에는 충분히 먹고 살만한 사람들인데 그런 표현들이 나와요. 여기서 얘기하는 중산층들이 힘들다는 얘기예요. 어려운 시절을 너무 오래 가다보니까, 허리띠를 너무 졸라매다보니까 문제가 나오기 시작하는 거죠. 무엇인가 경제발전을 통해 피부로 느낄 수 있는 변화가 있어야 하는데 그게 안 되고 있으니까요. 이번 전원회의 주제가 경제발전이거든요. 북쪽에서도 경제발전은 '인민생활의 향상'이에요. 여기서 경제발전은 경공업을 일으켜서 인민생활에 실질적인 혜택을 주겠다는 거예요. 인민들의 경제생활, 경제발전이 굉장히 중요해졌어요.

이전 전원회의에서 '사회주의기업 책임관리제'라는[16] 이야기가 나왔습니다. 북

---

16 '사회주의기업책임관리제'는 기업체가 생산과 기업경영 전반에 대한 결정권, 집행권, 통제권을 행사하도록 법률적으로 제도화한 것이다(리창하, 2020, 「사회주의기업책임관리제는 우리식의 독특한 기업관리방법」, 『KERI북한농업동향』, 22(2),

한 경제에서 개별기업소, 사업소의 자율성이 높아지고 있습니다. 협동농장 같은 경우도 이제 잉여생산물을 자율적으로 처리해서 이익을 나눠가지는 그런 부분이 있는데요. 책임관리제라고 하는 형태는 자본주의 경영방식을 굉장히 많이 차용한 거라고 볼 수 있지 않나요?

북쪽도 배급제의 폐단과 집단생산체제가 효율성이 낮다는 것을 알아요. 그건 이미 사회주의 국가들이 다 겪었던 일이기 때문에, 북쪽에서도 지금은 기업의 자립성을 많이 강조하고 있어요. 이전에는 100%를 다 국가에 바쳐서 배급받던 제도가 이제는 수익의 30%를 국가에 바치고 70%를 자체에서 운용할 수 있는 제도로 바뀌고 있어요. 책임관리제는 출판사나, 작은 소기업에서도 스스로 수입을 창출해야 한다는 것을 강조해요. 이전에는 일을 열심히 하지 않았어요. 어차피 생활하는 건 마찬가지니까. 그런데 이제는 자기들이 하는 것에 따라 성과금이 나오기 때문에 자기 일을 더 열성적으로 하려는 게 눈에 보이죠.

9. 남북의 적대를 넘어서

• 남남갈등과 남북이 정보를 차단하고 있는 현실

남한에서 북한을 어떻게 바라보고 접근하며, 남북관계는 어떻게 하느냐 등의 문제를 놓고 남남갈등이 불거지곤 합니다. 특히 북핵문제나 안보문제 등이 발생하

117쪽).

면 북한에 조금 긍정적이던 시민들도 부정적인 시각을 보이는 경우가 많습니다. 남한 사회는 북한 문제에 대한 합의 수준, 공통분모가 굉장히 약하고, 그런 합의를 이루지 못하고 있는 상황입니다. 이러한 내부적 갈등과 충돌을 어떻게 보시는지요?

그건 해외동포 사회도 마찬가지에요. 저 같이 북쪽을 자주 다니는 사람들은 친북이라고 하고, 남쪽에 더 친근감을 가진 사람들은 친남이라고 하고, 그다음 중립적인 입장을 가진 사람들도 많지요. 남남갈등은 정치적 개입의 결과라고 봐요. 정치가들이 정략적으로 만들어놓은 이분법이고, 민중들은 그에 큰 관심이 없을 거예요. 그런데 70년이 넘는 분단을 거치면서 왜곡된 역사를 가르치고, 민족을 원수로 가르치는 분열의 정치에서 벗어나야 합니다. 그렇지 않으면 통일이 될 때까지 진보와 보수의 싸움으로 정치 전략가들이 이걸 이용할 거예요. 그걸 넘어서야지요.

남한에서 북한의 경제체제라든가 당·국가체제, 노동당 정책결정과정, 이런 걸 제대로 이해하는 사람은 굉장히 드뭅니다. 남한 사람들은 북한 사회를 '우리가 알아야 하나?' 이런 의식이 강한 것 같습니다. 선생님께서는 북측을 오랫동안 왕래하시고, 남한의 시민단체 등과도 많은 교류를 가지고 계신데요. 남한 사람들의 북한에 대한 인식을 어떻게 보시는지요?

쉽게 한 마디로 얘기하면 '폄북', 북쪽을 폄하는 것. 지식인이든, 일반인이든 많은 사람들이 북쪽을 폄하해요. 그동안 뉴스를 통해 북쪽의 어려운 문제들이 많이 나왔잖아요. 경제적으로도 그렇고 자연재해로도 그렇고 북쪽이 어려웠던 건 사실이에요. 일방적인 뉴스에 의존하고, 진실을 더 알려고 하지 않으니까, 너무 왜곡된 측면이 많습니다. 북쪽을 폄하하고, '혐북', 혐오하는 것도 심해요. 또 남쪽 사람들은 북쪽에 대한 '피해

망상증' 같은 게 있어요. 북으로부터 직접적인 피해가 없는 사람들도 스스로를 피해 당사자로 생각하고 북을 증오하고 미워해요. 국가정책으로, 아니면 지식인들이 이러한 인식을 치료할 방법을 모색해야 해요.

북한이 경제적으로 후진국인 건 분명하고, 또 남한과 다른 사회주의체제로 관리나 통제가 엄격한 건 맞습니다. 그렇다고 하더라도 북한 사회의 실상에 대해 우리가 정확히 알아야 하지 않나 생각합니다.

북쪽이 봉쇄돼 있고 자유롭지 못한 건 사실입니다. 많은 사람들이 "왜 중국같이 개혁개방을 못하느냐"고 하는데 그건 잘못된 비교 같아요. 중국은 코밑에 주적이 없습니다. 한쪽에 대만이 있기는 하지만, 거긴 상대가 되지 않고. 힘의 논리상 전혀 중국의 상대가 되지 않아요. 그렇지만 북쪽은 코 밑에 자신을 주적이라고 말하는 사람들이 있습니다. 그런 환경에서는 개방을 하고 싶어도 힘들지요. 그렇다고 남쪽은 자유롭습니까? 자유민주주의 국가라고 이야기하지만 불온서적이라고 해서 북에 대한 책 하나가 제대로 못 들어오지 않나요? 인터넷도 마찬가지에요. 제가 해외동포니까 저쪽의 인터넷을 열어보면, 전부 차단돼 있어요. 유해사이트라고 합니다. 심지어는 친북적 성향이 있다는 캐나다 교포사회의 사이트도 다 차단하고 있습니다. 이런 상황에서 자유민주주의 체제의 우월성을 이야기한다는 건 참 모순이에요. 한쪽이라도 마음을 열어야 되지 않는가? 같이 닫고 있으면 전혀 볼 수가 없죠. 많은 전문가, 학자, 지식인들이 북쪽을 보는 것이 장님 코끼리 만지듯 해요. 우리가 북쪽의 사실을 더 많이 알게 되면 많은 변화가 있을 거라고 생각해요. 그런데 안타깝게도 그걸 못하고 있습니다.

　제가 북쪽을 본 경험으로 보면 그쪽 사람들도 생각이 다 달라요. 그 사람들하고 이야기해보면 그들도 궁금한 게 많아요. 남쪽의 자유에 대

해, 6.25전쟁에 대해, 개인적인 신앙에 대해… 참 궁금한 게 많아요. 그
들도 거기서 배운 게 있고, 들은 게 있지만 그러면서도 궁금한 거예요.
아무리 세뇌를 시키고 교육을 시켜도 진실을 알고 싶다는 욕구를 막지
는 못하는 것 같아요. 근데 남쪽은 아직도 국가보안법이라는 무서운 법
을 가지고 있어서 책 하나를 가져와도 잘못하면 큰 처벌을 받을 수 있잖
아요? 그런 속에 학문의 자유가 있겠어요? 연구는 제대로 하겠어요?

• 젊은 세대에 대한 바람

우리 사회가 북한에 대해 가지고 있는 문제에 대해 말씀해주셨는데요. 국가보안
법의 독소조항에 대해서는 유엔에서도 여러 차례 개정의견을 냈고, 실제 지금
현실에도 잘 부합하지 않습니다. 우리가 좀 더 전향적으로 이걸 검토할 때가 됐
는데 아직 그러지 못하고 있습니다. 또 북한 문제에서 대해서만큼은 '안보'라고
하는 생각이 굉장히 이데올로기화 되어 있는 부분이 있습니다. 이제 우리 젊은
세대가 우리 사회와 남북관계를 짊어지고 나가야 되는데, 젊은 세대에게 한 말
씀 부탁드리겠습니다.

젊은 사람들, 청소년, 학생들은 교육에 영향을 많이 받기 때문에 가장 중
요한 것은 남쪽의 교육이 바뀌어야 한다는 거예요. 기성세대가 가지고
있는 사고나 이념을 주입시킬 일이 아니고, 아이들이 생각하고 선택할
수 있도록 장을 만들어 주어야 해요. 잘못 가르쳐놓고 젊은 사람들을 나
무랄 수는 없어요. 지금은 정보화시대고 휴대전화 하나면 세계 곳곳을
들여다 볼 수 있는 세대잖아요. 구세대의 사고에 얽매이지 말고, 지금까
지의 이분법, 흑백논리에서 벗어나 우리 조국과 민족의 미래가 어떤 방
향으로 가야 될 것인가 스스로 공부하고 깨달을 수 있는 토대를 마련하

는 것이 중요하다고 생각해요. 인간의 기본적인 욕구는 잘 사는 거라고 봐요. 나 혼자, 내 가족만, 내 사회만이 아니라 우리 민족이 잘 살아야 된다는 바른 판단과 노력을 하면 우리 민족의 미래에 희망이 있지 않을까 생각해요.

캐나다에 계시면서 길게는 30여 년, 직접적으로 20여 년 가까이 북측에 나무심기운동을 하시고, 그 경험을 근거로 남북에 좋은 영향을 끼치는 일을 하고 계신데요. 앞으로 선생님께서 개인적으로 소망하시는 게 있다면 어떤 것인지요? 끝으로 하시고 싶은 말씀은?

우리 남북, 북남이 서로 적대감을 버리고, 대화를 통해 민족이 같이 살수 있는 방법, 우리가 하나 되는 삶, 통일된 민족의 삶을 살아가는 그 방향을 찾아가는 것이 내 소원이고 소망입니다. 제가 개인적으로 하고 싶은 일은 지금까지 해온 일을 기반으로 남과 북, 북과 남의 통일을 위해 조금이라도 도움이 되는 일을 계속하고 싶습니다. 우리가 닫혔던 마음을 열고, 한민족이라는 것을 좀 더 깊이 생각해서 두 국가가 아닌, 하나의 통일된 국가에서 공생할 수 있는 방법을 찾았으면 합니다.

참고 자료

김갑식, 2005, 「1990년대 고난의 행군과 선군정치」, 『현대북한연구』, 8(1).

안선경, 2011, 「'겨레의 숲'의 대북 산림협력사업」, 『KREI 북한농업동향』, 12(4).

허은경, 2015, 「북한의 해외동포정책 전담기구 분석」, 『통일연구』, 19(2).

리창하, 2020, 「사회주의기업책임관리제는 우리식의 독특한 기업관리방법」,
　　　　『KERI 북한농업동향』, 22(2).

『연합뉴스』, 2009/07/21, 2015/01/04.

『이데일리』, 2018/09/19.

『통일뉴스』, 2006/02/11, 2007/04/02.

『PD저널』, 2007/07/05.

국가지식포털 북한지역정보넷, 우리민족서로돕기운동 홈페이지.

III

우리가 하나 되는 것은
우리 모두의 과제

김지영

- 1945년 대구 출생
- 1975~80년 재일한국인 정치범 구원운동
- 1980년 한민통 활동 시작,《민족시보》편집위원
- 1985~86년 민주민족통일한국인연합(한민련) 여성국 활동
- 1986년 재일한국민주여성회 결성 참여
- 1990~현재《민족시보》논설위원, 주필, 여성회 회장
- 1990년대 범민련 해외본부 결성 참여. 범민족대회 등 활동

김지영은 1945년 대구에서 태어나고 대학까지 마친 후 결혼을 하면서 일본으로 이주한 1세대 재일동포이다. 반공교육과 보수적인 집안에서 성장한 탓에 대학시절 한일회담반대 시위에도 참여하지 않았다. 그러나 일본 이주 후 일본에서 겪었던 재일동포 간첩 조작사건(최철교 사건)에 연루되었고, 1980년의 광주민주화운동 소식 등을 접하면서 통일과 민주화운동의 길로 들어서게 된다. 김지영은 그 후로 지금까지 한민통(한국민주회복통일촉진국민회의)[1]에서 통일운동과 민주화운동을 하였고, 한민통이 국가보안법에 저촉된 탓에 30여 년 동안 고국을 마음대로 방문하기 힘들게 되었다.

이번 김지영의 구술자료는 70년대 일본으로 이주한 재외활동가의 삶과 활동을 담고 있다. 그리고 당시 한국에서 접하기 힘든 남북관계에 대한 정보와 정부에서 일으킨 간첩조작사건을 겪으면서 변화되어 나간 구술자의 인식도 볼 수 있다. 이는 5.18민주화운동, 남북관계, 촛불운동 등 한국사회의 상황이 재일동포사회에 미친 영향 등을 잘 보여주는 것이기도 하다.

이 구술자료의 배경에는 박정희 정권 시절에 있었던 재일동포 간첩조작사건에 최철교 씨가 연루된 사건이 있다. 해방 후 일본으로 건너가 파친코 사업으로 생활하던 최철교 씨(2013년 작고)가 1974년 4월 가족들을 보러 한국에 왔다가 보안사 요원에게 연행되어, 간첩으로 누명을 쓴 사건이다. 고문과 약물을 통한 조사로 얻은 결과를 당시 법원과 검찰이 증거로 채택했던 것이다. 그리고 방북했다고 추정된 시기가 일본에서 일하고 있었던 때와 겹치는 등 모순된 증거도 무시되었다. 그렇게 최철교

---

1 1973년 8월 15일 일본 내 한국인들을 중심으로 한국의 민주화와 통일을 위해 한국민주회복통일촉진국민회의(한민통)라는 이름으로 발족했다. 이후 1989년 조직 개편에 따라 재일한국민주통일연합(정식 명칭)으로 바꼈다. 줄여서 한통련이라고도 부른다. 이 글에서는 관련 시기에 따라 그 명칭을 사용한다.

씨는 사형을 선고 받았다. 그 후 2016년 재심을 신청했고 3년 만에 무죄 판결을 받았다(재일동포간첩사건 중 34번째 무죄판결).

당시 최철교 씨와 친한 친구였던 김지영의 남편(송인호, 1997년 작고)이 일본에서 구원운동을 시작했고, 한통련(재일한국민주통일연합)을 비롯한 재외국민과 일본인들의 도움으로 최철교 씨는 1990년에 석방되었다. 이런 와중에 당시 보안사는 한국에 있던 김지영과 남편의 가족들도 연행해 고문을 가하기도 했다. 김지영은 당시 남편이 한국에 갔더라면 최철교 씨와 같이 간첩으로 몰려 사형을 받았을 것이라고 말한다. 이렇게 '최철교 씨 사건이 무죄로 귀결되었으나 김지영을 비롯한 한통련 소속 재외국민들은 아직도 귀국에 어려움을 겪고 있다. 한통련은 '김정사 재일동포 간첩조작사건'에서 아무런 법적 근거 없이 '반국가단체'로 낙인 찍히게 된다. 그후 '김정사 사건'이 무죄로 판결났음에도 한통련은 국가보안법상 수사대상 조직으로 남아있고, 관련 재외국민들은 여권갱신에 어려움을 겪고 있으니, 이들에게 그 사건은 여전히 현재 진행형이라 할 수 있다.

한국에 남아 있는 가족들이 겪었던 피해의 경험은 김지영이 정치활동에 참가하는데 주저하게 만들었다. '최철교 사건' 당시 한통련에서 참여를 권유했음에도 그는 공식적인 활동을 하지 않았다. 가족들의 피해를 염려했기 때문이다. 그 후 김지영은 80년 광주민주화운동을 겪으면서 비로소 한통련의 『민족시보』의 편집위원으로 참여하게 되었다. 그 활동은 재일한국민주여성회, 범민련 등으로 범위를 넓혀가며 지금까지 이어져오고 있다.

이 구술자료는 해외 통일민주화운동가들이 국내 이슈를 바라보는 시각과 대응 방식, 그리고 활동단체에서 겪고 있는 갈등을 잘 보여주고 있다. 민주화와 통일에 대한 열의, 남북 간 교류와 단절의 상황에서 이를 극복하기 위한 재일동포들의 노력을 잘 살펴볼 수 있다.

. . . .

1. 가정 환경 및 성장 과정

• 가난했지만 교육열이 높았던 집안 환경

출생 이후 지금까지 생애를 통해 선생님이 통일운동을 하시게 된 계기와 고민, 그리고 경험들을 듣고 싶은데요. 먼저 선생님의 어린 시절 이야기부터 편안히 말씀해 주시면 좋겠습니다.

나는 대구에서 태어난 집에서 대학까지 같은 집에서 살았어요. 여동생 하나 있고 남동생이 둘 있어요.[2] 아버님, 어머님하고 하면, 열 명이잖아요. 그리고 집안은 그렇게 부유하지는 않았지만 굉장히 화목하고, 뭐랄까 하나로 다 뭉쳐진 그런, 네.

유치원 가기 좀 어려운 시절이었는데도, 대구에 있으면서 유치원도 다녔어요. 어머니가 예쁜 옷도 만들어주셨던 그런 기억도 있어요. 거기 살면서 천주교 계통의 효성국민학교를 다녔고, 중학교는 다른 학교에 들어갔어요, 상서여중이라고. 그 당시 새로 생긴 학교였어요. 거기 간 이유는…. 나는 효성여중으로 갈 거라고 생각을 하고 있었고 입학식도 참가하고, 교실까지 찾아갔는데 문에 붙여놓은 명단에 내 이름이 없더라고요. 그래서 어머니하고 반을 다 돌아다니면서 찾았고, 이름이 없다고 교무실에 가서 선생님한테 물어봤더니, 입학금을 안 냈다고 하더라고요(웃음).

---

2   구술자는 팔남매 중 다섯 번째이다.

그 당시 돈이 없어서 나중에 낼 거라고, 아마 그렇게 되었던 거 같아요. 학교에서는 나중에 내면 안 된다고 해서, 결국은 학교를 못 갔죠. 그래서 중학교 못 가고, 한 3달 동안 집에 있었어요.

근데 마침 상서여중이 새로 생겨서, 남녀공학에서 그해부터 여중이 됐는데. 가서 언니가 잘 말해서 면접시험만 보고 입학했고, 상서여중을 다녔지요. 효성여중은 입학금을 못 내서 못 들어갔지만, 상서여중에서 열심히 공부해서 경북여고를 갔어요. 그 당시는 상서여중에서 경북여고 합격한 게 신문에 이름까지 날 정도였어요. 그래서 상서여중의 교감선생님이 너무 좋아하셔서, 가끔 애들 만나러 경북여고 찾아와서 "공부 잘하냐?"며 격려도 해주시고 그랬어요.

선생님도 굉장히 노력을 많이 하셨겠지만, 이 집안의 분위기가 교육열이 높지 않을까 싶어요. 어땠나요?

아버님이 굉장히 교육에 신경을 쓰셨어요. 그렇지만 가난해서 초등학교, 중학교 때 월사금을 못 내서 항상 쫓겨 다녔어요. 집에 가서 언제까지 낸다고 써서 받아오라고. 돈이 없어서 초등학교 졸업사진도 없고, 중학교 앨범도 못 샀어요. 고등학교 앨범도 없어요. 대학 수험 때 성적증명서하고 졸업증명서를 가져가야 되는데 월사금을 다 안내서 그걸 못 내준다고 그랬어요. 시험은 치고 싶고, 장학생으로 붙으면 학교 갈 수 있는데. 이래저래 돈을 빌려 성적증명서하고 졸업증명서는 받아왔죠. 그래서 학교에 내고, 그렇게 했지요. 가난했지만 그래도 식구 열 사람이 먹고사는 것만 해도 대단했어요, 그때. 그래도 어떻게 해서 학교는 갈 수 있었어요.

그때 딸들이라고 하면 '딸은 교육 안 시킨다' 이런 것도 많잖아요? 근데 그래도 따님들 교육을 막거나 그러지는 않으셨나봐요?

그러지 않았고, 딸하고 아들하고 "절대로 구별 안 한다" 그리 하셨어요. 그러기 때문에 딸들이 모두 굉장히 뭐랄까, 명랑하고 밝은 편이었어요. 모두가 재능이 있었는데, 형편이 되었더라면 그 재능을 살려서 어떻게 됐을 건데 그걸 못했지요. 그래도 딸 여섯, 8남매 중 넷이 대학을 나왔고 넷이 고등학교를 나왔어요.

사진 1　경북여고 시절

• 보수적인 집안 환경

50년대 말이나 60년대, 그 당시 이승만이나 박정희 대통령에 대한 기억은 혹시 나시나요? 당시 남북관계라든지, 아니면 반공교육도 많았잖아요, 중고등학교 시절의 느낌은 좀 어떠셨어요?

어릴 때는 우리 집 아버님이 한국에서 처음으로 지방자치제 실시할 때, 초대 시의원으로 당선되셔서 정치를 한 번 하셨어요. 무소속인데, 나중에 알고 보니까 이승만계인 이효상[3] 씨와 아주 친했죠, 아마. 대구는 보수적인 데니까. 그리고 중고등학교 때는 혁명공약을[4] 다 외웠지요. 이렇게 써놓고, 처음부터 끝까지 하나도 안 틀리고, 전부 다 외웠지요. 숙제

3　이효상(李孝祥, 1906~1989). 대구출생으로 『산』, 『사랑』, 『안경』 등을 저술한 시인이자 정치인이다. 경북대학교 문리대학 초대 학장을 지냈으며, 4.19이후 경상북도 참의원, 5.16이후 민주공화당 의원으로 6, 7대 국회의장을 지냈다.

4　1961년 5.16군사정변 후 군사혁명위원회가 조직되고 그 명의로 발표된 것이다. △반공을 국시로 한다 △ 미국 등 자유 우방의 관계를 공고히 한다 △ 부패와 구악을 청산한다 △ 국가자주경제를 재건한다 등 6가지 사항을 말한다.

로 내쳐가지고. 아직도 그대로 다 기억이 나요. 지금 또 하나 더 생각나는 것은 아버님이 무소속으로 시의원에 당선되신 후에, 내가 고등학교 때인지 중학교인지는 몰라. 집에서는 대구 『매일신문』을 봤는데, 아버님이 사설 같은 걸 꼭 읽으라고 하셨고, 기사에 대해서 이게 이렇고, 많이 말씀을 하셨고 내 의견도 들었어요. 그 당시 박근혜가 나보다 어렸었는데, 영어도 잘하고 공부도 잘한다는 기사가 나왔었어요. 아버님이 저를 보고, "근혜 양이 저렇게 잘하는데 너도 잘하라"고 하셨어요. 기억이 너무 선명하게 남아있어요. 그게 너무 화가 나는 게, 거기는 대통령 딸이고, 여기는 가난한 아버지 딸인데…. 근혜 양하고 동생인 지만 군은 공부 잘한다고. 그럼 나도 대통령 딸 같으면 나는 그 애들보다 더 잘하겠다고 할 정도로…. 박정희 대통령은 잘하고 있다고 당연하게 받아들이는, 그런 상황이었어요. 그렇게 보수였어요.

• 대학시절의 학생시위에 대한 기억과 후회

선생님, 1960년에 대구에서는 2.28학생시위가 있었고, 4.19로 이어지게 되는데, 그때도 혹시 기억나시나요?

그때는 좀 기억이 없어요. 1965년에 한일협정 반대운동이 있었잖아요, 근데 64년에 내가 대구대학에 들어갔어요, 그 후 영남대학이 되었는데, 그때는 초급대학이었어요. 처음엔 형편이 안돼서 대학엘 못 갈 사정이었는데, 마침 전면장학제도가 있어서 시험을 쳤어요. 내가 가고 싶은 데는 아니고 전혀 생각도 못 한 '가정학과'에 합격이 됐어요. 가정학과 학생이 60명쯤 있었지요. 마침 내가 대의원을 하고 있었는데, 학생들 몇몇이 "우리도 시위하러 나가자!" 그런 이야기를 했어요. 그때 내가 결심을 좀 했으면 됐는데…. 어떤 학생은 막 책상에 올라서서 "우리도 나가자"고 그렇게 했는데, 그때까지 내가 아마 상황을 잘 몰랐던 거 같아요. 그래서 '갑자기 어떻게 할 수 있나?' 하는 그런 생각이었는데, 그게 두고두고 후회가 돼요. 지금 생각하면 그때 대학생으로서 길거리로 나와서 반대했으면 얼마나 좋았을까 하는 그런 아쉬운 마음이 남아 있어요.

64년, 65년 이때 회담 반대도 있었고, 비준 반대도 있었고, 여러 차례에 걸쳐서 학생들 시위가 많았잖아요? 대구에서도 좀 활발하게 학생들 시위가 많이 있었나요?

다른 학교에서도 나간다고, 그렇게 했었는데. 그렇게 알고 하는 거 같으

사진 2 1968년 영남대학에서

면 미리 준비를 해가지고 나갈 수 있었을 텐데. 그때는 그런 생각이 좀 모자랐고, 반대해야 된다 하는 그런 생각도 별로 없었기 때문에…. 그게 지금 그렇게 후회돼요. 아이고, 내가 그때 왜 깨어나지 못했을까!

2. 대학졸업, 결혼을 하면서 일본으로 이주

• 졸업 후, 혼담과 남편과의 만남

졸업하고, 나는 더 공부하고 싶었어요. 2년 마치고 그때 이름이 바뀐 4년 제 영남대학에 친구들이 "같이 가자, 가자." 했는데, 나는 뭐 그럴 형편이 안 되니까. 그래서 졸업하고 공무원 시험을 쳤어요. 농촌지도소, 거기서 한 1년 넘게, 한 2년? 있었지요. 거기 있다가 결혼 말이 나왔고 결혼 후 일본에 오게 됐지요.

아, 결혼하면서 일본에 오시게 된 거예요?

결혼해서 일본 왔어요. 결혼은 꿈에도 안 꿨는데 좋은 사람이 있다고 소개, 중매가 있었어요. 그 당시 졸업 후에도 공부를 더 하고 싶어 했었는데 "결혼해도 (공부를) 하면 되지 않겠느냐"고 상대방이 말했어요. 그리고 사람도 괜찮은 거 같았고, "아, 공부 더 할 수 있겠다" 싶어서 일본으로 온 게 70년이에요.

부군께서는 어떤 일을 하고 계셔서 일본에 오게 되셨나요?

한국에서 운동하다가 쫓겨서라고 해요. 아마 중학생, 고등학생 때, 지금으로 말하면 지하활동 같은 거지요. 나보다 나이가 14살이나 많아요. 그 당시에 운동하다가 10대 즈음 일본에 피신해 왔다고 해요. 남편은 일본에서 고학을 하면서 고등학교 검정고시 치르고 대학을 나왔어요. 공부를 많이 하는 학자였지요. 경제학이 전공인데, 철학이나 노동문제라든지 문학이나 음악이라든지 뭐 여러 방면에 조예가 깊었다고 할까?

그럼 선생님 처음 만나실 때도 일본에 계시고, 선생님 한국에 계시고. 중매가….

그렇지요. 나는 뭐 일본은 꿈도 안 꿨고, 일본에 올 생각은 전혀 없었어요. 마침 큰 언니 친구가 남편과 친척 관계였던 거 같았어요. 그래서 "이런 좋은 사람 있는데" 해서, "그런 거 같으면 내 동생 소개시켜준다"고. 그렇게 이야기 된 거 같아요. 그 사람이 일본에 있으니까 평소 못만나는데, 당시 이 사람이 올라온다고 했나봐요. 근데 그때 마침 내가 친구하고 영화 보러 갔는데, 영화관 안에까지 찾아와서(웃음). 그 사람 꼭 만나게 할 거라고. 그래서 갑자기 끌려 나와서, "너 누구 만나야 된다"고, 영문도 모르고 만난 게 처음이었어요.

그렇게 만나서 몇 번 이야기 듣고 보니까 생각하는 게 보통 사람들하고 조금 다르더라고요. 정의감이 있고, 남북관계에 대해서도. 우린 대구에서 '김일성은 머리에 뿔났고' 이런 정도인데, 그게 아니고 같은 민족으로서 이렇게 해야 된다고 하는, 그런 게 무척 신선하게 들리더라고요. 그래서 나도 흥미를 가졌지요. 그렇다고 해서 적극적으로 북하고 통일해야 된다는 소리까지는 안 나왔지만. 하여튼 같은 민족이라는 그런 시점에서 이야기하는 게 굉장히 신선하게 들렸어요.

결혼하게 될 거 같으면, 공부를 더하고 싶은데 이야기가 그렇게 됐지요. 그래서 이렇게 일본에 오게 됐는데. 결혼할 때도 가족 친척들이 다 모여 남편 될 사람이 나이도 많고 일본에 사는데 누가 있을지도 모른다고 큰 반대를 하고. 한 번 결혼했을지 두 번을 했을지. 그래서 우리 형부들, 친척이 다 모여서 나를 설득하고. 절대로 가지 말라고. 근데 내가 다 뿌리치고 왔지요.

그럼 중매기도 하지만 어떻게 보면 선생님이 좀 이렇게 적극적으로 결정하셨던 거네요.

그렇지요. 내가 굉장히 적극적이었어요. 그래서 아버님께, 내가 지금 생각해도 조금 부끄럽고 창피한데요. "굵고 짧게 살고 싶다"고. 그래서 왔지요. 와서 고생 많이 했어요.

부군께서 혹시, 그럼 연배로 보면은, 적극적으로 활동을 하셨다고 하면은 뭐 빨치산 활동을 하셨다거나?

빨치산까지는 안 가고. 나이가 조금 밑이지요. 그러니까 저쪽에서 뭐라 할까, 인민 무슨 뭐… 잘 모르지만 아마 그런 데서 10대 학생으로서 활약한 것 같아요. 그후 일본에서 정치범 구원운동을 하고 한민통 운동에 참여하면서 조영래 변호사의 『전태일 평전』을 일본말로 번역해 출간했어요. 『불꽃이여 나를 감싸라』라는 제목으로. 당시 당국의 감시를 피해 일본으로 원고를 가져와서 일본에서 먼저 출판한거지요.

• 결혼 후 일본 이주와 생활

그럼 결혼하시고서 일본에는 처음에 어느 지역으로 오신 거예요?

가나가와(神奈川)로 왔어요. 가나가와에 와서 파친코(パチンコ), 그렇게 큰 가게는 아닌데, 그걸 남편이 경영하고 있었어요. 나중에 이야기 하겠지만 남편의 누님 되시는 분이 계셔서 같이 파친코를 경영하고 있었지요. 나는 1970년 2월 처음으로 일본에 왔어요. 그때 배가 이렇게 불러가지고. 와서 한 달 만에 첫 아이가 태어났거든요. 파친코 경영은 78년 정도까지, 한 8년 넘게 했지요.

혹시 일본 오시기 전에 일본어는 좀 미리 공부하고 오신 거예요?

아니 그건 독학을 했지요. 오기 전에 한 6개월? 책 사서 공부도 하고. 근처에 나이 드신 분이 일본말 좀 하시다고 해서 조금 배웠는데 너무 옛날 분이라…. 주로 독학으로 했지요. 일본 와서, 내 가방 안에는 항상 사전이 있었고, 장 보러 갈 때도 사전 보고 찾기도 하고. 실수도 많이 했어요.

그니까 처음에 일본 오셔서는 적응하는 것도 너무 힘드셨을 거 같애요.

그렇지요. 아무도 없었지요. 친

사진 3   결혼식 사진(1968년 2월, 대구)

척은 아무도 없었고. 혼자, 저 혼자뿐이었으니까.

그니까요. 와서 아이 바로 태어나고, 아이 기르면서 일본어 공부도 하셔야 되고.

그렇지요. 가게도 봐야 되고. 아이가 태어나면 일본은 5일간 입원하거든요. 5일 동안은 봐주지요. 그 다음에는 퇴원시키기 때문에. 퇴원하면 자기가 다 해야 되잖아요. 가사라든지 전부 다 해야 되기 때문에 많이 힘이 들었어요. 아무도 없으니까. 누가 미역국이라도 좀 끓여 줘야 되는데, 자기가 미역국 끓여 먹고(웃음).

그럼 그때는 주변에서 도와주시는 한국인, 조선인 분들은 별로 없으셨나요?

없었고, 누님이라는 분, 최철교 씨 외숙모가 우리랑 같이 살았어요. 근데 그분도 몸이 건강하지 못해 많이 돌봐주지 못 했어요. 그 한 분뿐이었지요. 지금은 죄다 돌아가셨지만.

3. 재일 간첩조작 사건(최철교 사건)과의 연루

• 남편의 친구였던 최철교 씨

아이가 셋인데, 70년에 첫 아기 태어나고, 잇따라 74년까지 셋이 태어났어요. 근데 74년 4월에 재일한국인 정치범 사건, 아, 간첩 조작사건. 그

사건에 남편이 연루되었어요.[5] 남편의 친구, 아주 친한 친구예요. 지금
은 돌아가셨지만 최철교[6] 씨를 저도 결혼 전에 만났어요. 결혼 전, 최철
교 씨가 가장 친한 친구의 아내, 상대가 될 사람인데 도대체 어떤 사람인
지 미리 알아보러 한국에 나왔어요. 또 남편 동생과 최철교 씨 동생이 내
가 다녔던 학교에 가서 제가 어떤 사람인지 전부 다 알아봤어요. 교무과
에서 개인적인 거라서 안 된다고 처음에는 그랬는데, 이 사람 같으면 아
주 좋다고, 그렇게 좋게 말한 거 같아요.

　　그 사람이 간첩조작사건으로 잡혀가서, 갑자기 사형을 선고 받았잖
아요. 그때부터 우리는 구원운동을 시작했지요. 72년에 재일동포 유학
생 간첩 조작 사건이 있었지요. 최철교 사건이 일어난 후, 남편은 구원회
를 만드는데 전념했어요. 아기 셋이 아직 어려서, 나는 한 살짜리부터 네
살짜리 아이를 데리고 가게를 보고. 남편은 여러 사람들, 일본 사람, 대
학교 교수님들, 은사들을 만나서 구원조직을 만드는 데 도움을 구하고자
이곳 저곳을 찾아다녔지요. 그때 남편이 갔던 곳이 한민통[7]이예요. 한민

5　재일 유학생 간첩 조작 사건. 11.22사건이라고도 부른다. 북한의 지령을 받고 재
일교포 유학생들이 국내 대학에 침투했다며 서승, 서준식 형제를 비롯해 20명 이상
의 재일교포 유학생들을 구속한 사건이다. 구속된 재일교포 유학생 중 4명이 사형선
고를 받았으며, 2010년 김동휘를 시작으로 재심재판을 통해 무죄가 선고되고 있다.

6　최철교(2013년 작고). 일본에서 파친코 사업을 하다가 1974년 고향인 경북 청
도를 방문하기 위해 입국했다가 김포공항에서 간첩혐의로 체포, 보안사로 끌려가 고
문을 당하였으며 사형선고를 받았다. 그가 사형 선고를 받자 일본에서 '최철교 구원
회'가 만들어졌으며, 이들의 구명운동으로 1990년 석방되었다. 최철교 씨는 2013년
사망하였으나 그의 일가족이 2016년 재심을 신청했고, 2019년 무죄 판결을 받았다.

7　한국민주회복통일촉진국민회의. 1973년 8월 15일, 재일 한국인들이 대한민국
의 민주화와 통일을 위해 설립한 단체. 김대중의 민주화 운동을 적극 지지하고 후원
하였으며, 유신독재 반대운동, 전두환 정권 반대운동, 국가보안법 폐지 운동 등을 벌
였다. 이로 인해 1978년, 북한을 이롭게 하는 활동을 한다는 이유로 반국가단체로

통에 가서도 도와달라고, 협력을 해달라고 했고, 하여튼 전국으로 다녔어요. 그래서 그 당시 한민통의 도움을 받았고. 나는 혼자서 파친코 가게를 돌보면서, 경품도 주문하고. 종업원이 열 명쯤 있었는데 그 사람들 밥상, 식사도 챙겼지요.

• 최철교 씨 구원운동으로 인한 정부의 탄압과 가족들의 고통

이렇게, 결혼 전에 기대하셨던 것과 상황이 다르게 가서…

그렇지요. 공부하러 왔는데, 아기가 셋이나 태어나고, 거기다가 이 큰 사건이 일어나서, 사형선고를 받고. 남편은 구원운동, 구원조직 만드느라고 늘 나가 다니니까. 제일 밑에 아이는 자기 아빠 얼굴 보고 낯선 사람인 줄 알고 막 울기도 하고. 그 정도로 집을 비웠지요. 내 혼자서… . 그게 제일 힘이 들었고. 그 사건이 일어난 후 여권을 갱신하러 가니까, 그때 민단(재일대한민국민단)에서 했는데, 민단 장부에 빨간 줄이 그어있더라고요.

아, 그 구원운동 해서요?

그 사건과 관련해서겠지요. 여권 신청해도 안 된다고 해서. 그래서 71년, 첫 아기가 한 살 반쯤 됐나? 그때 한 번 대구 집에 갔다가 그 후 31년 동안 못 가게 됐어요.
　　그 사건과 관련해서 동생들도 잡혀가서 고문을 받았다고 그러더라

─────────
지목되었다.

고요. 그것도 그 당시에는 그 얘기를 안했지요. 나중에 만나게 되어 들었어요. 잡혀갔을 때 동생은 대학생이었는데, 고문하고 바로 옆방에서 막 고함지르는 그런 소리를 서로 듣게 하고, 그런 고문을 당했다는….

조사해도 아무것도 안 나오니까 풀려났지요. 근데 동생이 그 안에 들어가 보니까, 도표가 있었고 자형 이름과 내 이름도 있었다고요. 그런 걸 조작해서, 나는 아무것도 모르는데. 그 사건과 관련해서 남편 동생들도 잡혀갔지요. 가령 선물로 가져간 라디오라든지, 옛날에 라디오 없었잖아요, 라디오 받으면 좋아하잖아요. 그런 거 전부 다 간첩용 뭐로 해가지고….

아, 북한과 뭐 교신을 하려고?

그래요. 그래서 남편 동생과 형, 여동생까지 잡혀가서 조사받고 몇 년 살았어요. 그런데 이번에 재심 신청을 해서 시동생이 무죄가 됐다고. 근데 그 때문에 동생들이 우리들하고 인연을 끊어가지고….

어쩔 수 없이 또 그렇게 됐구나.

그래서 뭐 살아있는지 죽었는지, 그것도 모를 정도로 지금까지 완전히 인연이 그렇게 끊겼지요.

부군 성함이?

송인호. 97년에 돌아가셨어요. 그니까 이십 몇 년 됐죠.

그럼 그때 부군께서는 최철교 씨 사건에서 가장 가까이에서 구원운동하신 분이

겠네요?

예. 남편이 처음으로 일본에서 〈최철교 구원회〉를 만들었어요. 단순한 탄원을 하는 구명운동이 아닌 간첩조작사건을 민주화 통일운동과 결부시켜 구원운동을 조직한 거에요. 만약 그때 남편이 한국 같이 갔었다면 아마 사형선고 받았을 거예요.

그럼 그 즈음해서는, 고향으로 편지를 보내거나 이런 것도 아예 할 수가 없었겠네요?

그때 그 사건 터지고 나서 고향에 편지를 보냈는데, 한 5년 동안 편지를 전혀 못 받았다고 해요, 검열되어서. 그리고 당시에 우리 집도 압수수색해서 내가 한국 있을 때 남편과 주고받았던 편지도 전부 다 가져갔다고. 집안이 쑥대밭이 됐다고 들었어요. 그런 사정도 내가 걱정할까봐 알리지 않았고, 저는 세월이 한참 지나서 들었지요. 그러니까 나는 직접 정치범은 아니지만 정치범인 셈이지요. 31년 동안 한국에 못 가게 됐어요.
  결혼을 결심하게 된 또 하나의 이유였던 공부는 50살이 넘어서야 마치게 됐어요. '한국병합무효론'(한일병합조약) 석사논문을 써서 일본의 역사왜곡을 거세게 비판했어요. 원래 5년 정도 유학하고 한국에 돌아가 살기로 했던 계획은 수포로 돌아갔고. 이렇게 일본에서 50년이 지나도록 살줄은 꿈도 꾸지 않았지요.

• 최철교 씨 사건으로 인한 심정의 변화

가정주부로서 이제 생활을 하시고 계셨는데 그런 사건들이 벌어지는 걸 보시면서 굉장히 당황스러웠을 거 같아요. 그때 심경이 좀 어떠셨었어요?

아, 정말, 처음에는 너무 큰 충격을 받았죠. 그런데 그 사건이 일어나기 전까지 내가 처음 일본에 와서, 일본말 공부를 위해서 신문도 읽고 했는데, 한국에서 알지 못했던 사실이 보도가 되더라고요. 그 당시는 『아사히신문(朝日新聞)』을 구독했는데, 당시 박정희 정권이 어떠냐 하는 것에 대해서, 그 실체를 너무 잘 알게 되는 거예요. 그래서 밖에서 바라본 우리나라 한국, 박정희 정권은 독재 정권이라는 걸 알고, 거기에 대한 적개심이랄까, 분노랄까? 그런 감정이 크게 일어났고. '아, 정말 어떻게 바꾸지 않으면 안 된다'라는 그런 생각이 들고 있었어요. 그러던 차에 그 사건이 일어났고. 뭔가 내가 하지 않으면 안 된다. 이 간첩조작사건이 결국은 분단을 고착시키려고 만든 사건이라는 걸 간파했다고 할까요? 그래서 이 상황을 바꾸기 위해서는 운동에 나서야 된다는 결심이랄까, 그런 게 있었지요. 그리고 해외에서 우리나라 박정희 정권의 모습이나 사건을 바라보면서 이 상황을 바꿀 수 있다면 내 한 몸 바치고 싶다는 정도의 마음도 생겼어요.

• 구명운동 시기, 김지영의 역할

그럼 그 부군께서 이제 구명운동을 막 하실 때 이제 선생님은 주로 어떤 역할로 계속 하셨는지요?

주로 재정지원이지요. 아기가 아직 어리니까. 가게를 돌보면서. 집회를 할 때 가족이 여러 가지 호소를 하는, 모이자고 호소하는 원고도 쓰고. 최철교 씨 외숙모하고 같이 살고 있었다고 했잖아요, 최철교 씨의 아내가 집회에 안 나오더라도 외숙모로서 대신할 수 있었어요. 그런 연설문도 썼지요. 그리고 최철교 씨 아주머니 인사말도 쓰기도 하고. 가끔 한국의 감옥에 있는 최철교 씨에게 편지를 보낼 때, 내가 대신 아내가 돼가지고 쓰기도 하고. 이쪽에서 알리는 것도 있으니까요.

이렇게 뒤에서 지원하는 형식으로 많이 했지요. 80년 10월에 도쿄 스키야바시 공원에서 재일한국인 정치범 사형수 가족 단식농성도 했는데 거기에 남편과 외숙모, 우리 집 아이들 셋이 참가했어요. 머리띠와 몸에 "아저씨를 살려 주세요"라는 구호를 붙이고요. 그 사진이 『세카이(世界)』라는 진보적 월간지에 실려 큰 반향을 불러일으켰어요. 나는 대구에 있는 가족이 피해를 볼까봐 천막 뒤에서 사진 안 나오도록 했고요. 최철교 씨 부인도 딸 하나 데리고 나왔고. 그때 아이들은 배고프다고, 사탕 먹으면 안 되냐고 하고. 그런 소리 하면 "사탕 먹으면 아저씨 못 살려낸다"고, 안 된다고 했던, 그런 에피소드도 있었어요.

• 무죄 판결에 대한 심경과 민단, 총련과의 관계

찾아보니 작년(2019년)에 무죄 판결이 났는데,[8] 그때 선생님 심경은 좀 어떠셨어요?

정말 잘 됐죠. 그래도 송인호 씨가 살아계셔서서 그걸 알았으면 얼마나 좋았겠어요. 정말 우리 생활의 모든 것을 최철호 씨 살려내는 데에 집중했

---

8 2013년 최철교 씨의 사망 후 유족들은 2016년 재심신청을 하였고, 3년만인 2019년 무죄판결을 받았다. 이 무죄판결은 재일동포간첩단사건 중 34번째 무죄판결이다.

사진 4   월간지 『세카이』에 실렸던 아이들 사진(1982년)

기 때문에, 거기에 힘을 전부 다 쏟았달까, 그랬지요.

그럼 그전에는 민단(재일본대한민국민단)이나 총련(재일조선인총연합회) 쪽하고
는 크게 관련이 없으셨던 건가요? 부군은?

총련과는 전혀 관계가 없고요. 처음에 가나가와(神奈川)에서 파친코(パチ
ンコ) 경영 할 때는 민단에 단비도 내고 그랬는데, 이런 사건 일어나고 민
단에서 이름에 빨간줄을 그었다고 하니 단비 낼 필요가 없잖아요. 그래
서 자연히 그렇게 됐죠. 총련은, 오기 전에는 많은 얘기를 들었어요, 조
총련이라 하잖아요, 한국에서는. 조총련하고 만나면 큰일 난다고 해서,
굉장히 무서운 사람인가 싶었는데, 와보니까 정말 성실해요. 일본에 와
보니까 민단이고 총련이고 상관없이 서로 잘 지내고 있어서 인식이 당
장 바뀌었지요. 총련이 있기 때문에 일본에서 민족성을 지키며 살아가고
있다는 그런 걸 느끼고 있어요. 정말 대단해요. 같은 민족으로서 자랑스
러워요. 감사하게 생각하지요. 지금도 그렇게 탄압과 차별을 받으면서도
일본 정부에 대항해서 잘 싸우고 있어요.

4. 한국민주통일연합(한민통) 활동의 계기

• 한민통 참가 계기, 필명의 사용

80년에 "한민통에서 활동을 시작했다"라고 말씀을 해주셨는데, 그 계기는 또 어
떻게 됐나요?

계기는 그러니까, 구원운동을 뒷받침하면서 그렇게 쭉 왔는데, 77년~79년 정도? 한민통 선생님이 나에게 어떻게 좀 도와달라고.『민족시보』에 와서 활동을 해줬으면 좋겠다는 요청이 있었어요. 근데 아직 아이들도 어리고, 또 한 가지는 한국에서는 한민통을 아주 무서운 단체로 보는데… 그래서 조금 거리끼는 마음도 있었어요. 그리 되면 '우리 형제들과 친척이 또 탄압받지 않을까' 하는 마음도 조금 있긴 있었어요. 그래서 아이들 핑계로 회답을 미루고 있었어요. 그런데 80년 5월 광주항쟁, 그걸 보고 내가 너무 분해서 또 얼마나 울었는지 몰라요. 아, 이렇게 많은 시민들이, 민중이 온 몸을 바쳐서 투쟁 했는데 원수를 갚아야 한다는 마음, 전두환 군사독재정권 타도를 위해서 작은 힘일지 모르지만 기꺼이 나서야 되겠다고 생각해서, 한민통 활동가가 되겠다고 결심했지요. 그러니까 80년 5월 지나서 바로 그 해부터 나왔어요. 아이들이 어려서 매일은 못 나오고 나를 필요로 할 때, 편집국에서 교정을 본다든지 조그만 기사를 쓴다든지 할 때, 그렇게 나왔지요.

그때 이름이 아까 펜네임(pen name)이라 했는데, 국내에 있는 부모 형제 생각을 해서 조금이라도 탄압을 피하기 위해서, 이름을 김지영으로 붙였어요. 내 이름이 싫어서가 아니에요. 감시의 눈을 조금이라도 피하기 위해서…. 그 이름을 써서 잘 모르더라고요.

• 김지영이란 필명을 사용한 이유

선생님 그럼 혹시 그 필명을 '지영'이라고 정하신 것은 어떤 의미로 하신 건가요?

내가 그렇게 머리가 좋은 것은 아니지만 지식이 아주 풍부하게 많이, 이름을 통해서라도 그게 많이 나오도록, 그래서 번영하도록 한다 할까? '지식이 많아서 이 운동에 조금이라도 보탬이 될 수 있다면' 하는 마음에서 "지영(知榮)"으로 했습니다. 근데 나중에 이름을 보는 사람이 이름은 그 자체로 풀이를 하면 그렇게 좋지는 않다고 했지만, 그것과는 상관없이 이 운동과 관련해서 조금이라도, 없는 지식도 전부 끌어내자는 마음에서 지영이로 했어요.

처음 70년대는 구원운동을 하면서, 또 탄압을 피하기 위해서 일본 이름도 썼어요. 아이들한테도 일본 이름 붙였어요. 왜냐하면 그 당시 공안들이 미행을 하고, 가게에 와서 지켜보고 하는 그런 게 많았어요. 항상 좀 무섭잖아요. 또 아이들이 공격을 받지는 않을까 싶어서. 그래서 아이들한테 일본 이름을 붙이고 그랬는데, 결국 나중에는 아이들이 중학교쯤에 일본 이름 싫다고 해서 자기 이름을 썼지요.

5. 재일 활동가로서의 자녀 교육

• 일본에서의 자녀 교육

그럼 처음, 이제 자제분들 학교 보낼 때는 어떻게 하셨어요?

학교는 뭐, 우리 학교 못 보내잖아요. 총련도 아니고. 보내고 싶어도 못 보내고. 그리고 한국학원이 있었지만 도쿄에 떨어져 있는데, 하나 있는 그곳은 들어가기 어렵고. 그래서 일본 학교를 보내지 않을 수 없었어요. 우리말을 가르친다는 게, 집에서 정말 어렵지요. 학교에서 항상 일본어를 사용하니까요. 그게 제일 고민이었어요. 처음에는 한국어를 집에서 가르치려고 하는데, 내가 바쁘니까 집에서 가르칠 여가도 없었어요. 지금은 잘하는 아이도 있고, 좀 잘 못 하는 아이도 있고.

읽고 쓰는 걸 다 선생님께서 직접 가르쳐주셨어야겠네요.

어릴 때는 그렇지요. 이렇게 표 만들어서 붙여 놓고, 반절표부터 시작해서 자기 노트 하나씩 가지고 공부를 시키고 했지요. 모두 커서 대학생 돼가지고, 제일 밑에 아이는 서울 대학에 유학이랄까, 교환 학생으로 공부도 하고. 또 위에 아이는 어학연수까지 한 것 같아요. 정말 우리말을 가르치는 게 제일 고민이었어요. 아이들이 우리 말 하나 잘 못 하는데, 무슨 활동가 자격이 있나 싶은 거지요. 일본에 사니까, 일본 사람하고 결혼하면 어쩌나 하는, 어릴 때부터 절대로 "안 된다, 안 된다" 했는데 아무도 제 바람대로 안 됐어요. 하하하.

그럼 아이들 학교 갔을 때 제일 또 고민이 되는 부분이, 아이들이 교육을 받을 때 일본의 교육을 받으면 천황이라든지 이런 것들을 배워서 그게 익숙해질 거 아니에요? 그러면 한국, 너의 고향 이런 거를 어떤 방식으로 가르치셨나요?

그에 대해서는 한국 사람이라는 걸 아주 자랑스럽게 여기도록 집에서 교육을 많이 하고. 그리고 또 한 가지. "차별 안받을려면 너희들 공부 잘해야 된다." 공부 못하면 차별 받을 수도 있다고. 뭐 하여튼 "1등 해, 뭐든지 1등 해라." 그리고 아이들은 운동을 시켜도 뭐든지 잘하긴 잘했어요. 공부도 잘했고, 또 생각하는 것도 뭐 여러 가지, 평등교육이랄까, 평화교육이랄까, 그런 걸 어릴 때부터, 초등학교 때부터 했기 때문에. 학교에서 우리 아이들 친구들이 자기도 한국사람 되고 싶다고 그런 아이도 있었다고 해요. 하지만 또 항간에는 차별, "조센징", 조선 사람이라고 하는 것이 있어서 한 번은 굉장히 문제 되었어요. 학교에서 담임선생이 직접 와서 이야기도 하고, 교육시키는 문제, 생각을 바꾸는 문제, 그거에 대해서 학교 전체의 모임도 가지고 해서 그 인식을 좀 바꿔놓는 그런 일도 있었어요. 그래서 차별한 그 학급, 한 40명 됐는데, 모두 반성문을 써가지고 그 담임선생이 가져와서 전부 보여주더라고요. 그니까 아이들은 뭐 차별이라는 걸 모르고 아주 당당하게, 자기는 한국 사람이라고 하고, 자기 친구들도 한국사람 되고 싶다고 한다고(웃음).

그럼 혹시 그 아이들한테 얘기할 때에도 그 당시의 한국의 분단의 상황이라든지, 뭐 독재의 상황, 이런 것도 좀 가르쳐 주셨나요?

일본 와서 내가 느낀 거라든지, 그런 부분에 대해서는 이야기를 했고. 그건 아이들도 다 같은 생각이에요. 그리고 아버지는 굉장히 엄격해서, 뭐다 책 읽어라 해서 좋은 책은 다 사오고.

6. 『민족시보』와 〈재일한국민주여성회〉의 활동

• 『민족시보』에서의 활동

『민족시보』 편집위원으로 일하시면서는 주로 어떤 글을 다루셨나요?

단체라서 강령이 있으니까. 한민통은 '민주회복, 통일촉진'이라 했는데,

그 당시는 반독재운동을 했어요. 광주항쟁을 거치면서 미국의 존재라든지, 그걸 알게 됐잖아요. 반미자주화, 그것이 자주 민주 통일운동으로 됐어요. 이 방향에서 절대로 벗어나는 일 없이 미국을 반대하고, 일본을 비판하고, 또 국내 정권에 대해서는 잘하도록 하는 글을 썼어요. 초점이나 조그만 기사 같은 걸 썼지요.

그럼 이제 논설위원으로 하실 때에도, 시기 시기마다 중요한 이슈들이 있잖아요? 그중에서도 특히 기억 남는 이슈들이 있으시면 말씀 부탁드릴게요.

특히 조국통일에 관한 이슈. 남북정상회담과 4.27 판문점선언과 평양공동선언, 6.12 북미 싱가포르 정상회담에 동지들과 얼싸안고 기뻐했어요. 온겨레에 통일의 희망을 안겨주었지요. 평창올림픽에 한통련 대표단으로 참가도 했어요. 그리고 이산가족 상봉이라든지, 6.15공동선언 발표라든지, 10.4선언 발표라든지. 이런게 기억에 남아요. 2005년 상암월드컵경기장에서 열린 남북해외공동행사, 그 이듬해 광주서 열린 6.15민족통일대축전은 잊을 수가 없어요.

6.15선언이 운동에서도 중요한 어떤 기점의 역할을 했나요?

예, 6.15선언이 발표되고 나서 해외운동도 역시, 그 범위가 많이 넓어졌다고 할까? 범민련, 범민족대회 때는 남쪽이 항상 탄압받는 상황이었기 때문에, 범민족대회 그 자체는 아주 성대하게 잘 했지만, 그게 전체화가 안 됐잖아요. 그렇지만 6.15 이후는 이제 남쪽 정부가 나섰기 때문에 여기 일본에서도 그렇고 다른 해외에서도 그렇고. 총련이든 민단이든 우리가 같이 힘을 모을 수 있는 그런 상황이 됐어요. 굉장히 활동하기가 편해졌어요. 우리가 총련의 여맹과, 여맹은 아주 큰 조직이기 때문에 주로 중앙과 연계하는데, 공개적으로 함께 모임을 가진 적도 있었어요. 그전까지는 범민족대회 중에 평양 행사에서 만난다 하더라도, 돌아오면 함께 내놓고 공동으로 할 수 없는 상황이었어요. 6.15선언 발표 이후, 일본지역위원회가 결성되어 함께 운동을 하고 있어요. 그리고 해외 측 위원회 결성으로 조국통일운동은 남·북·해외 전체 운동으로 폭이 넓어졌지요.

• 재일한국민주여성회의 결성

80년대에 광주항쟁 이후에 한국에서는 계속해서 민주화를 촉진하는 운동들이 벌어지기도 하고, 그 과정에서 김근태 씨 고문 사건 등 여러 사건들이 있었는데 계속 주시하고 계셨던 거네요?

네. 한국에서 일어나는 상황, 운동에 대해 항상 소식이 오니까, 그에 따라 운동을 전개 했어요. 국내 사람들은 탄압과 감시로 잘 모르는 상황이었지만 우리는 해외에 있으면서 누구보다도 빨리 고문사건이나 노동자들에 대한 탄압 같은 부분을 알고 신속히 대응을 했지요. 일본 국내와 해외에 그 사실을 알리면서 전두환 규탄 집회를 열기도 했어요. 77년 8월 도쿄에서 한민련이[9] 배동호 의장님이 중심이 되어 결성되었지요. 한국 민주화운동을 하는 국제적 연합조직이 처음으로 결성된 거죠. 그후 한국 민주화운동은 전세계적으로 활발히 전개되었어요. 미국, 캐나다, 유럽 등 민주인사들이 도쿄에 자주 모였는데 여성들도 많이 왔어요. 특히 85년쯤 됐나? 그때 한민련은 여성들의 힘을 하나로 모으는 데 대해 논의를

9　민주민족통일한국인연합(한민련). 1977년 8월 15일 일본, 미주, 유럽에 거주하는 한국인들이 도쿄에 모여 '해외한국인 민주화운동 대표자회의'를 열고 설립한 단체.

했지요. 해외동포 여성들의 연대운동 필요성을 느끼고 85년 대표자회의에서 여성국 설치를 결정했어요. 그후 여성국의 이름으로 미국이나 유럽 등에 연락을 취하면서 일본에서 토론회나 학습모임 같은 여성들 모임을 개최했어요. 우리가 해외에 못 나가는 상황이니까. 일본에서 국제대회 같은 것 할 때면 여성들 많이 오잖아요. 그 여성들이 모여서 여성의 역할 등에 대해서 논의도 하고, 정말 재밌고 활발하게 운동을 잘했지요. 활동을 하면서 느낀 것이, 한민련 여성국이라는 이름만으로는 정말 하기 어렵더라고요. 누가 뭐 도와주는 것도 아니고, 실무자가 한 두 사람 뿐이었고요. 그래서 일본에서 여성조직 결성의 필요성을 느끼고 재일한국민주여성회를 만들었어요. 73년 민단의 대한부인회동경본부도 한민통 결성에 구성단체로서 참가했는데요. 부인회는 한민통과 반독재민주화운동을 쭉 같이 해왔어요. 그후 부인회 회원들이 연세가 들기도 해서 부인회의 활성화와 2, 3세 동포여성의 결집을 목적으로 86년 11월 재일한국민주여성회 결성대회를 했지요. 결성대회 할 때, 86년 권인숙 씨 성고문 사건[10]이라든지, 그냥 두고 볼 수 없더라고요. 그래서 우리가 그 사건에 대해서, 해외에서도 일어나야 된다는 논의가 있었어요. 그뿐 아니라 당시 국내에서는 노동운동을 굉장히 잘했잖아요. 와이에이치(YH) 노동운동[11]이라든지 많이 있었잖아요. 그런 부분에 대해서도 우린 연대 성명 등을 발표해 저쪽에 보낸다든지, 그렇게 지원하고 응원하고 성원하는 방식으

10　부천경찰서 성고문 사건. 1986년 노동현장에 위장취업한 여대생이 부천경찰서에 연행되어 조사 과정 중 성적 고문을 당한 사건. 조사를 받고 풀려나온 권인숙은 인권변호사들의 도움을 얻어 조사관 문귀동 경장을 고소했다. 그러나 공안 당국은 이를 날조라 발표했고, 권인숙에 불공정한 재판이 계속되었다. 하지만 6월민주항쟁 후 재수사가 추진되어 1989년 문귀동은 징역 5년을 선고받고 파면되었다.

11　YH사건. 1979년 8월 9일 YH무역 여성노동자 170여 명이 회사운영 정상화와 근로자 생존권보장을 요구하며 신민당사 4층 강당에서 농성을 벌인 사건.

로 운동을 해왔지요. 그러니까 젊은 사람들과 민단 부인회 동경본부 회원이 모여 여성회를 결성했고, 한민통을 구성하는 여성단체로서 반독재 민주화운동을 같이 하게 된 거죠.

그럼 여성회의 강령이 따로 있었다는데, 어떤 강령이었나요?

첫째, '한국의 민주화, 한반도의 자주적 평화통일', 둘째, '한반도에 뿌리를 가진 여성들을 결집하여 민족의식을 높이고 재일동포 권익옹호', 셋째, '여성해방 실현으로 사람답게 사는 세상 실현', 넷째, '전쟁반대 세계평화', '국내외 진보적 여성운동단체와 연대'입니다. '자주적 평화통일'이 왜 첫째냐 하면 우리가 아무리 민족교육을 하고, 여성해방운동을 해도 우리나라가 통일 안 되면, 그게 완전히 이루어질 수 없기 때문이지요.

그러면 처음에 조직구성을 어떤 식으로 하셨어요?

부인회도쿄본부와 한민통 여성들, 2세의 젊은 여성단체들이 참가해서 회장과 부회장, 고문, 사무국장과 사무국원으로 조직이 구성됐어요. 오사카와 도카이지역은 지방조직으로 참가했지요.

• 재일한국민주여성회의 활동과 노선 갈등

여성회 운동도 여러 가지 고난이 많았어요. 우리가 민주화, 통일 운동을 제1목표로 내걸었잖아요. 그러면서도 여성문제도 해왔고, 일본군 성노예 문제도 해왔는데, 범위가 넓어서 전부 다 하기에는 어려움이 많았어

사진 5　일본군 성노예 문제 자료집

요. 처음에는 자료집들을 발간했어요. 임수경이 평양 갔을 때는[12] 책자 「어머니, 통일된 조국에 살고 싶어요」를 내기도 하고, 미선이 효순이[13] 사건 때는 「주한미군의 범죄와 여성인권」을 내기도 했지요. 또 「조선인 종군위안부」자료집은 3집까지 발간해 일본사회에 일본군 성노예문제를 알리는데 크게 기여했다고 믿어요.

그런데 운동범위가 넓으니까 모두 잘 할 수는 없더라고요. 일본군 위안부 관련 운동에 힘을 쏟고 싶다는 주장도 나오고, 또 서로 가치관이 다를 수가 있으니까 그런 것도 인정을 해야 되고. 사실 그런 운동도 중요 하잖아요. 그런 경위로 해서 몇 번이나 회원들이 나간 경우도 있어요, 한 꺼번에 확 나가기도 하고. 그리고 또 하나는 노선 문제지요. 운동의 방 향이 다른 사람들을 억지로 모아 두는 게 어렵잖아요? 역시 내가 생각하 는 것은 자주·민주·통일운동을 중심으로 해야 한다, 그 속에서 여성문 제 등을 해결해 나가야 된다는 것을 고수해왔기 때문에 수긍하지 못하 는 사람들은 나갔어요.

여성 이슈가 더 중요하다고 생각하시는 분들도 있으셨을 거고….

예. 그리고 통일문제, 북을 인정할 수 없다고 하는, 북을 인정 못 하는

---

12 임수경 평양축전 참가 사건. 1989년, 평양축전 참가를 허용할 듯했던 정부가 돌연 참가봉쇄방침을 내세우자 1989년 6월 30일 전대협 대표 임수경이 단신으로 평양에 도착, 〈제13차 세계청년학생축전〉에 참가한 뒤 8월 15일 판문점을 통해 돌아온 사건. 임수경은 평양축전에 참가하며 〈남북 청년학생 공동선언문〉을 발표하였다. 이 사건으로 임수경은 국가보안법 위반으로 징역 5년을 언도받았다.

13 주한 미군 장갑차에 의한 여중생 압사 사건. 2002년 6월 13일 경기도 양주군 광적면 효촌리에서 주한 미군 장갑차에 의해 여중생 두 명이 압사당한 사건. 한국 검찰과 주한미군, 미국 정부가 사건에 대해 미온적 태도를 보이며 당시 장갑차를 조종 하던 미 병사에게 무죄 평결을 내리자, 한국 사회에서 대규모 촛불 집회가 열리며 반 미 운동이 전개되었다.

데 같이 통일운동을 못하잖아요. 그것도 정말 가슴 아픈 일이지만, 거기서 또 나가기도 했고. 그런데 일본의 우리 운동도 국내하고 연동하는 게 많아요. 국내서 뭐 엔엘(NL), 피디(PD) 논쟁, 그런 것과 똑같아요. 어찌 그리 똑같은지. 그때 얼마나 가슴이 아픕니까? 그동안 대표자리를 몇 번이나 다른 후배들에게 맡기고자 했는데, 다른 방향으로 갈 뻔한 일이 몇 번이나 있었기 때문에 그러지 못했어요. 그래서 정말 할 수 없이, 운동의 노선을 지키기 위해서 지금 내가 이렇게 하고 있어요.

아무래도 이게 세대 간에 경험 차이가 있다 보니까. 계속해서 그런 방향성에 대한 고민이 제일 많이 드셨을 거 같아요.

방향성이 제일 크죠. 노선이 다른데, 그거는 안 되잖아요? 통일할 상대는 북인데 인정 못하면 통일을 안 한다는 거 아니예요? 당장 문제가 핵 문제? 그에 대한 인식 차이가 크죠. 북핵 반대해야 된다고 주장을 하면… 어렵죠.

• 한국의 민주화운동과 여성회

86년 11월에 만드신 후에 아까 말씀하신 것처럼, 87년에 이제 또 한국에서 민주화 열기가 있었고. 88년, 89년, 90년까지 굉장한 격변이 있었잖아요. 그 상황에서 선생님이 여성회로서 어떤 역할을 해야 되겠다고 생각을 하셨나요?

여성회로서의 역할…, 뭐 하여튼 우리는 운동을 지지하고, 동참하고. 국내 운동에서 일어나고 있는 것에 대해서 같은 마음으로 가는 것, 그것 밖에 없었어요. 87년 그때 직선제 하자, 우리도 주장을 했어요. 88년부터

90년까지는 국내 노동자들의 생존권투쟁이 치열했지요. 그때는 노동운동에 대한 연대운동에 힘을 쏟았어요. 우리의 주장은 국내보다 더 앞서가야 한다고 얘기하고. 국내보다 앞서가서, 그러니까 일본에서의 우리 운동은 항상 뭐랄까, 국내가 잘 못 할 때 우리가 견인한다는 그런 성격도 아주 강했어요. 저쪽에서는 함부로 말 못 하지만 우리는 뭐 당당하게 다 했어요. 어쨌든 우리는 금세 안 잡혀가니까요.

그니까 한국에서는 민주화는 얘기해도 통일을 얘기하기 어려운 시점이면, 일본에서는 통일까지 얘기하는 거죠.

그렇죠. 범민련이 통일을 바라보고 운동하기 때문에 범민련 운동을 높이 평가해야 한다고 생각해요. 2000년에 6.15공동선언이 발표되고, 10.4 선언 발표되고,**14** 4.27판문점선언,**15** 9월평양공동선언,**16** 그렇게 쭉 왔잖아요. 근데 그것이 갑자기 나온 게 아니라고 생각을 해요. 정말 70년대, 80년대에 반독재민주화운동을 통해서, 그런 운동이 범민련 운동으로, 그게 하나의 큰 밑거름이 되었기 때문에 이렇게 나올 수 있었다고 생

---

14 10.4 남북공동선언. 2007년 노무현 대통령과 김정일 국방위원장 간에 성사됐던 2차 남북정상회담에서 채택된 남북공동선언이다.

15 4.27 판문점 선언. 문재인 대통령과 김정은 북한 국무위원장이 2018년 4월 27일 판문점 평화의 집에서 발표한 남북정상회담 합의문이다. 양 정상은 이 선언을 통해 핵 없는 한반도 실현, 연내 종전 선언, 남북공동연락사무소 개성 설치, 이산가족 상봉 등을 천명하였다.

16 9월 평양 공동선언. 문재인 대통령과 김정은 북한 국무위원장이 2018년 9월 18~20일 평양에서 가진 남북정상회담을 통해 발표한 공동선언이다. 남북 정상은 9월 19일 백화원 영빈관에서 정상회담을 마친 뒤 한반도를 핵무기와 핵위협 없는 평화의 터전으로 만들어 나가야 하며, 이를 위해 필요한 진전을 이뤄나가기로 했다는 내용을 골자로 한 합의문을 발표하였다.

각해요. 거기에 대해서 큰 자부심을 가져요. '정말 잘했다'고.

아, 예. 정말 힘이 났어요. 그 편지까지 다 일본말로 번역해서 책도 만들었다니까요. 대학생들이 통일의 물꼬를 텄다고 생각해요. 큰 역할을 한거죠. 임수경 방북과 탄압사태와 관련해서 삐라를 만들어 알리고. 그리고 여기 일본서는, 일본 사람, 일본 여성단체들과 같이 모여서 학습회도 하고. 운동 많이 했어요. 그니까, 여성운동뿐만 아니라 노동운동이라든지, 국내운동을 알리는 운동을 했지요. 성명 발표도 많이 하고, 그 당시는 컴퓨터도 없으니까, 그저 손으로 써서 팩스로 보낸다든지 했지요.

7. 30년만의 고국방문

• 어머니의 병환으로 인한 고국방문

내가 30년 동안 고국에 못 가고 있을 때, 2001년, 2002년 정도였던가? 그때 우리 어머니께서 굉장히 몸이 안 좋으시다고, 동생들의 편지에 얼마 못 가실 거 같다고, 어떻게 올 수 없느냐? 하는 연락이 왔더라고요. 아버님 임종도 지켜드리지 못했으니까. 이번에 어머니를 안 만나면 정말 평생 후회할 거 같았어요. 마침 그때 여권은 있었어요. 여권은 있었는데, 그래도 뭐 잡혀갈지 어쩔지 모르잖아요. 국내도 그렇고, 김수환 추기경

17께서도 국정원에 알아보고 여러 가지 하셨더라고요. 그러니까 국정원의 대답이 뭐 하나 쓰고 와야 된다고…

각서 같은 거요?

네 각서 같은 거. 나는 쓰면 절대로 안 간다고 그랬어요. 결국 여러 사람의 도움으로 2002년에 갔어요. 한통련대표단이 한국 가는 게 2003년인데, 그 1년 전인 월드컵 있을 때 갔어요. 어머니가 얼마 못 간다고 해서, 진짜 아주 많이 힘을 썼어요. 국내에서도 많이 힘을 써주셨고. 이쪽 한통련 조직에도 의장님한테 이번에는 꼭 가고 싶다. 조직 전체가 한꺼번에는 못 간다고 해도, 이번에는. 다른 사람은 나와 사정이 다르다. 조직의 한 사람으로서 꼭 가고 싶다고. 하지만 절대로 나는 뭘 쓴다든지 그런 거는 없을 거라고. 여러 사람들한테 그렇게 이야기를 했어요. 가지 마라 하는 사람이 있기도 했는데, 그때 내가 양심선언을 썼어요. 이런 저런 상황과 심정, 지금 내가 어떤 상황에 처해 있는가. 만약에 내가 잡혀 가서 뭔가 고문을 받는다든지 자백을 한다든지 하는 거 같으면, 그건 절대로 내가 의도한 것이 아니다. 그렇게 양심선언을 써가지고 가기 전에 몇 분한테 맡겼어요. 그때 한 통이 김수환 추기경님, 그리고 또 존경하는 저명한 작가 한 분. 형제들에게도. 그러고 갔지요. 구원운동에 많은 도움을 주신 일본 사람, 목사님, 그분이 만약에 뭔 일이 있으면 안 된다고 해서 동행해 서울 갔어요. 갈 때, 나는 인천공항에서 혹시 무슨 방송 있지 않을까, 내 이름 부르는 게 아닌가 싶어서… 아유, 진짜 정말 각오는 했지만, 그런 방송도 없었고. 대구 있을 동안에도 아무 일도 없었어요. 서울 가자

17 김지영에 의하면 김수환 추기경은 큰 형부의 외삼촌으로 지속적인 교류가 있었다.

마자 김수환 추기경님 계시는 혜화동인가? 제일 먼저 거기 가서 만나 뵙고. 아유 정말 잘 왔다고 좋아하시고. 나중에 모두 만날 분은 전부 다 만나고. 이제 대구로 갔어요. 대구 가니까 월드컵 축제잖아요, 뭐 빨간 거 얼굴에 붙이고. 형제들하고 빨간 옷 입고, 응원하느라고. 정말 꿈같은 나날을 보내고 왔지요.

30년 만에 고향에 가셨을 때 너무 많이 바뀌어 있을 거 아니에요? 그때 어떤 느낌이셨어요?

아, 많이 바뀐 게 눈에 들어온다기보다도, 얕은 산이라든지 나무라든지 풀이라든지 공기라든지. 그게 "아, 이게 우리나라다" 하는 뭐 그런거. 많이 변했긴 했어도, "아, 이게 우리나라다" 하는 것을 가장 크게 느꼈고. 대구 가니까, 대구도 많이 변했고. 서울도 많이 변해 어디가 어딘지 잘 모르겠고, 그랬지요.

그때 가셨을 때는 동생분들은 만나셨나요?

다 만났어요. 형제자매 8명 조카와 형부들. 2002년 그때는 매일매일이 잔치지요. 어머니도 얼마 못 사신다고 했지만 막 힘이 나가지고, 진짜 기운이 팔팔 살아가지고. 얼마나 재밌게 보냈는지 몰라요. 그런데 대구는 모두 다 보수잖아요, 우리 언니들 다 보수 쪽에 투표도 하고 아마 그럴건데. 대통령 선거 때 다른 사람들은 모두 다른 데 찍는데, 어머니가 김대중을 찍었다고. "니가 빨리 돌아오도록, 하루라도 빨리 돌아오도록 내가 기도도 많이 하고, 내가 투표도 그거 했데이", 대구 사람(웃음).

진짜 그때 대구는 김대중은 아예 안 뽑을 때인데, 정말 유일한 표였을 수도 있겠

사진 6　　2002년 방문 당시 가족들과의 식사

네요(웃음).

어, 유일하게. 정말 "내가 매일매일 기도한다고" 항상. 전화로 자꾸 그렇게 말씀 하셨고.

8. 남북화해기류의 반향과 방북 경험

• 김대중 대통령 당선 후 변화에 대한 기대와 실망

그래서 실제로 김대중 후보가 대통령이 됐을 때, 이제 진짜 좀….

아, 예. 얼마나 좋아하셨다고.

그쵸. 이제 "우리 딸이 인제 편해지겠다." 이렇게 생각하셨겠네요.

정말 좋아하셨어요. 김대중 대통령이 재임 하실 때 우리 한통련은 못 만났지만, 퇴임하시고 나서 2004년 갔을 때, 한통련 대표들과 함께 저도 악수했고요. "정말 여러분들의 운동을 높게 평가한다고" 그렇게 해주시는 말씀에 내 가슴이 굉장히 뜨거워졌어요.

당선되셨을 때, 사실 저도 그때 어린 나이였지만 엄청 감격스러움이 있었거든요.

예, 춤을 췄지요. 김대중 대통령이, 노무현 대통령이 당선됐을 때 "와아" 환호성을 올렸고. 얼마나 좋아요, 이제 세상이 바뀌겠다. 그러니까 우리가 지금 살아나겠다. 그렇게 생각을 했지요.

그렇지만 기대하고는 달랐어요. 너무 실망을 많이 했지요. 그렇지만 실망했다고 해서 그냥 가만히 있었던 것은 아니었어요. 항상 김대중 대통령에게 이렇게 해달라 요구했어요. 국가보안법 철폐하고 반국가단체 해제하고, 남북관계를 잘하고, 미군을 철수 하고… 그런 건 항상 우리가 요구하고, 또 주장하고 했어요.

• 여전히 힘든 한국방문

그럼 여권 갱신은 그래도 좀 잘 되는 편이었나요? 그것도 조금 어렵지 않았나요?

30년간 못 받았지만 그 후 유효기간이 3년인가? 어떻게 받기는 받았어요. 그 전에는 영사관의 회유공작도 많이 있었다고요. '조직에는 비밀로 해줄테니 남편과 같이 살짝 갔다 오라고…', 가고 싶은 내 사정을, 형편을 알잖아요. 근데 아무리 그렇지만 그거는 못 한다고 거절했죠.

근데 또 한편으로는 여전히 한국에는 입국이 좀 어려운 상황이라서, 이렇게 단체로 소송도 걸기도 하고 그렇게 하셨잖아요? 그때 선생님 심경은 어땠고, 선생님 역할은 무엇이었는지요?

그거는 조직적으로 하는 것이기 때문에, 그래서 소송을 걸고 하면 국내의 여러 분들이 많이 힘을 써주셨어요. 이전부터 같이 연대운동을 하고 있었으니까요. 우리가 도움을 많이 받고 있죠. 국내에 민변을 중심으로 '한통련의 완전한 명예회복과 귀국보장을 위한 대책위원회'가 결성되어 많이 힘쓰고 계세요.

　　여권문제와 관련해서는 한통련 회원들이 1년, 3년, 5년 등 기간제한 여권을 받고 있어요. 그런데 2021년 5월 국가인권위원회가 외무부장관에게 한통련에 일반여권을 발행하도록 권고 했어요. 그후 상황이 조금 나아지긴 했지만 여전히 기간 제한 여권을 받고 있어요.

• 범민련 결성과정

그리고 범민련(조국통일범민족연합)이 결성 되었잖아요. 국내는 형편이 좀 어려워 독일 베를린에서 먼저 해외본부 결성대회를 했어요. 그때 윤이상 선생님이라든지, 일본, 미국, 유럽, 호주, 중국, 소련 등 해외의 범민련 지역본부 대표들이 모였는데 저도 갔어요. 여성회 대표로.

아, 베를린에 가셨어요?

네. 그 후 범민련 운동을 우리가 힘껏 했지요. 그 당시 범민족대회는 한국에서는 참가 못 했잖아요. 항상 뭔가로 막히고 해서. 우리가 한국 국적을 가지고 있기 때문에, 한국을 대표한다고 할까. 그런 하나의 상징성도 있고, 또 우리들의 의지도 있고. 정말 범민족대회 때문에 평양에도 가보고(웃음). 판문각, 중국, 일본에서도 열렸어요. 거의 다 참가했고. 앞장서서 "투쟁, 투쟁" 구호도 외쳤어요.

• 범민련 결성과 범민족대회로 방북

선생님 그러면, 이제 범민족대회 하면서 그때 처음으로 평양에 가신 거죠? 어땠나요?

정말 그 감동은 정말 잊을 수 없는데요. 그냥 말로만 그랬지요. 가기 전에는 "북쪽도 우리나라다" 하고. 그렇게 이론으로만 배웠는데, 비행기가 순안비행장을 지날 때 밑을 내려다보니까 나무가 파랗게 보이더라고요. 그런데 갑자기 눈물이 확! 어, 정말 자기도 모르게. '아! 정말 여기도 우리나라구나'라는 걸 느꼈어요. 가슴이 뜨거워졌어요. 나의 조국이라고. 90년 8월 분단역사상 처음으로 판문점에서 범민족대회를 개최했어요. 10만 평양시민들의 열광적인 환영을 받으면서 모두 좋아했어요. 정말 마음껏 환영하는, 그냥 동원된 그런 얼굴이 아니었어요. 처음이었잖아요, 범민족대회. 그런 성대한 환영을 받은 것도 처음이었고. 정말 꿈같은, '아, 정말 이게 우리나라다' 하는 걸 다시 실감했고, '하루빨리 모두가 함께 오갈 수 있는 그런 상황이 돼야 되겠다' 하는 그런 결심도 했지

사진 7   범민족대회 사진(백두산 산정에서)

요. 고향이 있는 남쪽 정부의 공식 환영은 받아본 적 없지만 북부 조국에서 먼저 공식 환영을 받은 거지요. 그 후 김일성 주석도 만났어요.

자리가 따로 만들어졌던가요?

92년 9월 평양에서 '아세아의 평화와 여성의 역할' 평양토론회가 열려 남·북·일 여성과 해외동포여성 대표단이 참가했어요. 그때 김일성 주석의 만찬에 초대받았지요. 아주 성대한 대접을 받았어요. 영광스럽게도 주석과 한 테이블에 좌석이 배치되었어요. 이효재 선생님, 이우정 선생님, 한명숙 전 총리랑 각계 대표들이 한자리에 앉았는데 정말 아주 좋은 분위기였어요. 주석이 북쪽의 맛있는 음식을 소개하시는 모습이 눈에 선해요. 마치 통일된 나라에 있는 듯 착각을 할 정도였어요. '정말 우리는 하나구나! 하루빨리 하나가 돼야 한다'는 느낌을 가졌고, 결심을 다지는 계기가 되지 않았나 생각해요.

그럼 그때 북에서 활동하시는 여성분들, 학자분들도 같이 모이셨나요?

학자분들은 물론 각계 중책을 맡고 있는 여성분들이 자리를 함께 했지요. 그런데 북쪽 분들은 감격에 겨워 만찬회 내내 눈물을 흘리셨어요.

그때 당시 김일성 주석이 특히 해외의 운동에 대해서 어떻게 격려를 했는지 기억이 좀 나세요?

세월이 흘러서 선명한 기억은 없어요. 해외동포들의 노고를 치하하고 격려한 것 같아요. 김일성 주석이 계시면 남북문제를 잘 해결하시겠다라고 생각했는데, 갑자기 돌아가셨잖아요. 그때 정말 '어떻게 될까?' 그게 제일 걱정이 됐어요.

선생님 만나시고 얼마 안 돼서 가신 거죠.

94년 7월이지요. 정말 안타까웠고. '아, 이제 우리나라가 어떻게 되나?', '통일은 어떻게 되나?' 마음이 아팠어요.

9. 방북 이후 남북 경색과 그에 따른 활동 및 변화

• 5.24조치 이후 일본에서의 활동

그 5.24조치 이후로는 남북관계가 경색돼서 일본에서의 활동도 좀 위축되지 않았나요?

그럴수록 활동은 더 하지요. 반대. '이명박 물러가라' 하고, '이명박 퇴진' 운동하고요.

그 상황에는, 예전에 선생님 활동하셨던 때랑 오버랩(overlap)도 좀 됐을 거 같아요. 이전에 70년대, 80년대 상황이 다시 재현되는 거 같은….

예. 아유, 이명박, 나는 어디에 시도 썼는데, 시를 잘 쓰지는 못하지만 가끔 써가지고, 하여튼 5.24조치를 빨리 해제하라고. 우리가 성명을 발표하기도 하고. 집회를 열고 이명박 정부 규탄하고, 이런 것은 많이 했지요. 그리고 이명박도 그렇고, 박근혜, 박근혜가 설마 대통령 될 줄 꿈에도 몰랐어요. 박근혜 당선에 너무 실망해서 나는 밥도 못 먹었어요. 너무 속이 상해서. 뭔가 마음이 무겁고, 생각할수록 속상하고.

그렇게 한 10년 동안 남북관계가 계속 경색되고, 서로 위협이 오고 가고 이런 상황에서, 어떻게 하면 이 관계를 탈피할 수 있을까, 그런 고민을 많이 하셨을 거 같은데요. 그때 생각하신 방법이라든지 그런 게 좀 있었을까요?

그런 좋은 방법이 어디 있겠어요?(웃음) 하여튼 이명박의 정체를 폭로하는 길밖에 없다. 내곡동 사저 의혹, 다스 자금 횡령, 또 BBK[18] 이렇게. 가령 논설에서 그런 의혹을 자꾸 폭로를 한다든지. 또 대중운동 쪽에서는 이런 거 알리고. 회보에서도 그런 걸 쓰고 신문에서도 알린다든지. 그런 방법밖에 없어요. 논설이나 주장이나 기사를 통해서 이명박의 그런 실체를 알려나가는 거지요. 동포뿐만 아니라 일본 사람들한테도 알려 나가는 것이 중요하다고 생각했기 때문에 그런 걸 했지요. 규탄성명도 많이 발표하고 규탄집회도 했어요.

정말 남북관계에 기대를 가지고 있었는데, 갑자기 너무나 반대상황으로 가고 있었기 때문에 뭐랄까, 어떤 행사를 개최하는 것에 있어서도 성격이 많이 바뀌었을 거 같아요.

---

18 BBK주가조작사건. 이 사건은 1999년에 설립된 투자자문회사 BBK가 옵셔널 벤처스 사의 주가를 조작한 사건이다. 이 사건에 한나라당 제17대 대선 후보 이명박이 개입되었는지 여부가 큰 논란이 되었다. 김경준은 이명박이 BBK의 실제 소유주이며 자신도 주가조작의 피해자라고 주장했고, 이명박은 자신도 김경준에게 사기를 당했다고 주장했다.

아, 그렇지요. 행사 때마다 항상 국내 정세가 반영되는, 정부가 어떤 방향으로 가는가, 어디에 서는가도 아주 거세게 비판하는 그런 형식으로 되었어요.

그러면, 이제 2000년 초에 통일마당, 하나마당, 이런 행사들이 시작이 됐잖아요? 그때 행사에서 주요 슬로건이나 이슈들과 이명박, 박근혜 정권 때의 주요한 행사 내용은 어떤 차이가 좀 있었나요?

2000년부터는 6.15공동선언 이행을 슬로건으로 내걸었고 이명박, 박근혜 정권 때도 마찬가지였어요. 근데 일본에서는 일본 사람들과 같이 하기 때문에 통일마당 슬로건으로 가령 아베 정권 비판을 내걸 수 없어요. 일본의 보통 시민들도 참가하기 때문에. 정치색을 띠면 공공장소를 빌리기 어렵기 때문에요. 그러기 때문에 그런 부분은 직설적으로 못하고, 조금 톤을 낮춰서해요. 조국통일을 바란다는 한반도 통일, 세계평화, 전쟁반대, 차별반대. 이런 것은 일본 사람들과 공유할 수 있잖아요. 그런 방식으로. 어디까지나 함께, 한일 연대의 힘으로 한반도 평화를 이루자는 것이 주가 되는 거지요. 그리고 하나마당도 별로 다르지 않아요.

이명박 정권 때는 많은 투쟁을 했지만 5.24 대북제재조치 철폐, 이명박 퇴진요구를 했고, 박근혜 정권 때는 개성공단 재개, 국정원 해체, 박근혜 퇴진요구를 했어요. 두 정권 모두 분단에서 이익을 챙기려는 정권이니까 끊임없이 반대투쟁을 했지요.

10. 최근 북미관계와 한국 내부 정치지형 변화에 대한 평가

• 최근의 북미관계에 대한 평가

아까 선생님 핵문제를 잠깐 언급하시긴 했는데, 북미관계에서도 미국이 지금 어떻게 보면 무례하게 요구하는 측면이 있잖아요? 어떻게 생각하시는지요?

미국이 하는 식으로 하면, 북이 언제 없어질지 몰라요. 가만히 앉아서 이렇게 먹힐 수는 없잖아요. 북은 거기에 대응해서 잘하고 있다고 생각해요. 절대로 미국의 요구에만 따라서는 안 되지요. 우리가 미국을 어떻게 신용해요? 못 믿잖아요. 뭐 지금도 한국에 방위비 몇 배 더 내라고 하는데, 그건 말도 안 되는 소리지요. 우리 정부도 미국의 눈치를 너무 보지 말고 자주성을 가져야 해요. 지금까지 수십년 동안 목소리 제대로 못내고 미국이 시키는 데로 질질 끌려왔는데 이젠 그만해야지요. 누가 더 중요합니까? 우리민족이 더 중요하지.

그럼 혹시 김일성 주석 이후에 김정일, 김정은으로 이어지는 그들에 대해서, 김정일 위원장과 김정은 위원장에 대한 평가는 어떠신가요?

김정일 위원장은 분단 역사에서 처음으로 남북정상회담을 열고 김대중 대통령과 6.15공동선언을 발표했고, 노무현 대통령과 10.4남북정상선언을 발표했어요. 두 선언은 조국통일의 이정표가 되었다고 할 수 있지요. 큰일을 하셨다고 생각해요. 또 미국의 대북제재라는 어려운 여건 속에서도 국방력을 키워온 것이 아닌가요. 그렇기 때문에 미국이 얕보지 못하는 지금의 북이 있는 것이 아닐까 합니다. 김정은 위원장은 문재인 대통령과 수차례 정상회담을 열고 4.27판문점선언과 9월평양공동선언을 발표했어요. 한반도 평화와 통일에 대한 열망이 뜨거운 분이라고 생각해요. 문재인 대통령이 5.1경기장 15만 관중 앞에서 연설을 할 수 있었던 것도 그 열망의 반영이라 할 수 있을 거에요. 젊음과 패기가 넘치는 지도자라고 할까요?

오히려 한국 정부 측에 대한, 판문점선언 이후의 대응이나 이런 것들에 아쉬움이 좀 있으시겠어요?

아쉬움 많지요. 뭔가 해야지요, 항상 미국의 눈치만 보다가는 우리가 아무것도 못 하잖아요? 그러니까 밀고 나갈 것은 강하게 밀고 나가고. 미국이 반발하더라도 그렇게 해야지요. 미국이 중요한가, 우리가 중요하지요. 우리 민족이 중요하지요. 그런 관점에서 문재인 정부가 올해(2020년)는 좀 더 적극적으로 나서리라고 생각하고, 또 그렇게 바라고 있어요. 미국도 그렇게 북을 가볍게 봐서는 안 된다고 생각 합니다. 만약에 북이 무너지면 한국도 함께 무너지잖아요. 한반도 평화를 지키기 위해서는 남북이 함께 잘 살아야 되잖아요.

2016년에는 결국에 박근혜 정권의 문제가 마구 드러나면서, 그 시점에서 이제 한국에서 촛불시위가 전개되고, 같이 연대시위를 하셨잖아요? 그때 상황을 좀 말씀 부탁드릴게요.

박근혜가 한국 대통령이라는 사실이 너무 창피했어요. 광화문에서 촛불시위가 매주 일어날 때 우리도 신났지요. 한국 촛불집회 때 하는 박근혜 하야송을 부르며 촛불시위를 했어요. 길을 가는 일본 사람들도 손 흔들고 박수 쳐주고, 성원해주고 그랬지요. 국내의 촛불시민과 마음을 함께

하면서 시위를 한다는 점에서 자부심도 가졌고요. 해외에서도 우리가 힘을 합치면 더 큰 힘이 된다는 그런 걸 느꼈어요.

그 시위는 어디에서 전개를 하셨나요?

제일 번화한 곳, 신주쿠에서. 신주쿠 역전에서 출발하여 번화한 거리를 가두 선전차가 앞서서 시위대를 유도하면서 방송도 하고요. 북과 꽹과리가 분위기를 돋구었고요. 구호도 외치면서, 박근혜가 지금 이렇게 나쁜 짓을 하고 있다는 걸 알리기도 하고요. 신나게 노래도 부르며 행진했지요.

혹시 그 박근혜 탄핵 선고 날에는 어디서 그것을 보셨어요?

사무실에 와서 봤어요. 모두들 손잡고 "와" 하고 환성을 올리며 춤을 췄지요. 정말 좋았지, 정말…. 아무런 힘도 없고, 무능한 인간을 대통령으로 세워놓고 속아온 걸 생각하면 너무 분하기도 하고. 개성공단 폐쇄로 남북관계 발전도 가로막았고. 그렇지만 '아, 이렇게 우리는 끌어내렸다' 하는 성취감에 너무 기뻐서 밥맛이 있고 술맛이 있고….

그런데 선생님, 일본 사회는 지금 계속 보수화되고 있잖아요. 어떻게 보면, 선생님은 두 상황을 다 겪고 계시는데, 어떠세요?

촛불집회는 일본에서도 운동하는 사람들이 많이 공부를 하지요. 한국의 그런 비폭력 평화시위에 대해서. 자극도 많이 받고 있어요. 극우 단체들은 욕을 하거나 하지만 진보적인 시민 단체들은 한국에서 얻는 점도 많다고 생각해요. 일본의 시위 패턴과 좀 다르니까. 그래서 많이 배우고 있지요. 그리고 촛불 시위를 한국에서 직접 와서 가르쳐주기도 하는 거 같던데요?

한국에서는 민주화가 중요하다고 하지만, 통일에 대한 관심이나 생각이 요즘 젊은 세대들한테는 많이 약화돼 있어요. 그래서 선생님 보시기에는 좀 더 했으면 하는 그런 생각도 드실 거 같은데요?

젊은 세대들이 통일문제에 더 관심을 가져야 하는데 걱정이죠. 조국의 번영과 미래를 짊어질 청년들인데.

11. 최근 한일관계 경색 국면에 대한 평가 및 민주화통일 운동 지속의 변수들

• 한일관계 경색 국면에 대한 평가

그럼 박근혜 정권이 끝나고, 문재인 정권이 수립이 된 후, 아주 최근에는 한일관계도 굉장히 안 좋았잖아요? 그래서 재일동포사회도 약간 주저함이 있지 않을까 싶거든요. 혐한이라든지, 그런 거를 지켜보실 때는 좀 어떠셨나요?

혐한은 뭐 옛날부터 심각했죠. 특히 일본 우익단체 '재특회'같은 경우는 더욱 심각하죠. 그들이 혐한 시위할 때는 무서워서 피해요. 일본 화장품 회사 디에이치씨(DHC)는 혐한 인터넷방송도 하고 있어요. 한일관계가 안 좋아서 손해 보는 게 오히려 일본이잖아요. 한국을 백색국가에서 제외하고 반도체 수출규제를 해서 경제적 피해를 입은 건 오히려 일본이지요.

역사왜곡 문제도 이제 발신을 많이 하셨잖아요, 한통련 안에서도. 주로 어떤 방식으로 또 발신을 하신 건가요?

역사왜곡 문제에 대해서는 그때마다 발신해요. 항의 성명이나 규탄집회를 열기도 하고요. 기관지를 통해 주장이나 논설, 기사를 내보내기도 해요.

• 재외 민주화·통일운동의 어려움

혹시 한통련에서 민주회복, 통일문제, 이런 것들을 중심으로 한 어떤 교육을 따로 한다든지 그런 방식도 혹시 고려가 많이 됐었나요?

일부러 따로 교육할 그런 여건이 안돼서요. 그런 건 없고요. 필요에 따라 강연회나 학습회를 열고 함께 배우거나 각자가 공부를 해요. 한통련 초창기에는 재정 지원자들이 많았어요. 세월이 흘러 일본에서 민주화·통일운동한다는 게 어려워지고 있어요. 넉넉한 재정이 있다면 교육의 장을 마련할 수 있겠지만 그게 어렵지요. 민단에는 매년 8억 엔, 80억 원을 지원해 준다고 해요. 근데 여기는 하나도 없어요. 정부가 민주화·통일운동을 하는 단체에 대해 지원을 해주면 얼마나 좋을까요.

성금을 모금하고 후원회원을 모집하는 데에는 어쩌면 그 『민족시보』에서 역할을 좀 하지 않았을까 하는 생각을 좀 했거든요.

『민족시보』도 재정문제로 지금 많이 작아졌어요. 73년부터 대판 크기로 한 달에 세 번 냈는데, 2012년부터는 타블로이드판이 되었지요. 『민족시보』는 후원회원 모집보다도 자주·민주·통일운동을 널리 알려 이 운동에 참여하게 하는 게 목적이니까요. 구독자들이 공감할 수 있는 내용이 되도록 항상 노력하고 있어요.

그럼 이제 회원관리라고 해야 될까? 후원을 하면 그거에 대해서 "우리가 이렇게 했습니다"라는 걸 계속 보어줘아 되잖아요? 그린 것도 하시나요?

아, 물론이지요. 매년 3.1절, 4.19혁명이라든지, 5.18민중항쟁, 8.15광복, 통일과 관련해서는 4.27판문점선언, 9월평양공동선언, 6.15공동선언, 10.4선언, 통일마당 등과 관련해서 행사를 진행하니까요. 그 행사와 활동기사를 신문을 통해 알리고 있어요.

선생님, 그럼 여성회는 앞으로 좀 어떤 구상이나 바람이 있으신지요?

여성회가 더 발전하기를 바라지만 참 어려운게, 젊은 사람들은 아기 키우느라 못 나와요. 더구나 멀리 살고 있으면 더 어렵고요. 그런 상황이죠. 그래도 하나의 목표, 자주·민주·통일을 위해서 한통련과 함께 힘을 모아 변함없이 앞으로 나가야겠지요.

12. 사회운동에 대한 스스로의 평가와 한통련의 전망

● 자신의 사회운동에 대한 평가

선생님께서는 통일운동과 민주회복을 위해서 일생을 바쳐서 고생을 많이 하셨는데, '이건 정말 내가 정말 잘했다'라고 생각하시는 그 순간을 하나만 꼽으라고 한다면 뭐가 있을까요?

잘했다는 건, 80년 5월 광주항쟁을 보면서 이 운동을 위해 온 몸을 바치겠다고 결심한 것. 그게 나한테는 가장 중요한 것 같아요. 그 결심을 변함없이 지금까지 가지고 왔다는 데 대해서 자부심을 가집니다.

사진 8　메이지대학 대학원 졸업식(1997년도)

그럼 활동하시면서, 개인적으로는 항상 누구라도 좌절하는 순간들은 한 번씩은 있잖아요? 혹시 그런 순간이 있었다면 그것도 좀 묻고 싶습니다.

좌절…, 좌절은 없었어요. 고민은 많이 했지요. 가령 노선 문제로 동지들이 떠나고 할 때. 몇 달, 또 몇 년 동안 가슴 아파하고. 혼자서 극복해 왔지요. 좌절은 없었어요. 무슨 일이 있어도 반드시 우리의 목표 달성을 위해서, 우리나라가 모두 함께 잘 사는, 한반도 평화, 전쟁 없는 세상, 그게 하나의 목표이기 때문에.

이렇게 꾸준하게, 계속 동력을 가지고 활동을 하시게 됐던 근본적인 힘은 어디에 있었을까요?

어디에 있을까? 역시 나의 결심이 아닌가 싶은데…. 국내에서도 그렇고 해외에서도 그렇고 모두 다 열심히 하고 있잖아요. 그런거 보면 굉장히 고무가 되고요. 가령 국내에 장기수 선생님이라든지, 민주통일운동으로 자식을 잃은 부모님들이 운동에 나서서 활동하시는 그런 모습을 보면서, 또 이산가족의 슬픔을 지니면서도 꿋꿋하게 견디는 모습, 그린게 하나의 힘이 되고 있는 거 같아요.

특히 선생님도 가족들과 굉장히 오랫동안 만나지 못한 경험이 있기 때문에 이산 가족 문제에는 더욱 더 마음이 쓰이실 거 같아요.

이산가족은 내 자신의 문제인 거 같아요. 나도 정말 이산가족이라고 그렇게 생각해왔고. 그리고 나도 얼마나 울었는지 몰라요. 베개가 완전히 얼룩이 져가지고. 기념으로 그 베개 놔뒀는데(웃음).

• **한통련의 향후 전망**

두 세 가지만 더 여쭤보고 마무리하려고 하는데요. 선생님께서 개인적으로 생각 하시는 한통련의 향후 전망이나, 기대는 어떻습니까?

전망…, 자주·민주·통일이 이루어지는 세상이 되면 한통련은 막을 내려야겠지요. 한통련에 직접 참가하고 있기 때문에, 기대가 아니고 자주· 민주·통일을 위하여, 평화를 위하여, 남북이 모두 번영하는 그날까지 끝 까지 함께 나간다는 생각입니다.

그러면 선생님의 활동이 종결되는 순간은 사실 없다고 봐도 되겠네요?

없는 거지요. 남편이 64살에 돌아가셨어요. 건강하던 사람이 암으로 1년 3개월 만에 갑자기 돌아가셨는데. 병원에 입원해 있으면서 시를 써놨어요. '나에게는 노후가 없다'고. 죽는날까지 자주통일의 길에 서 있을 것이라고. 나도 마찬가지예요.

네. 그러면 이제 마지막 질문입니다. 이렇게 굉장히 중요한 활동, 그리고 일생을 바친 활동을 어렵게 말씀을 해주셨는데, 이번 인터뷰를 한국에서 많은 사람들이 또 보게 되잖아요? 그러면 이 인터뷰를 통해서 한국 사회나 한국의 후세대들에게 꼭 해주시고 싶은 말씀이 있다면 부탁드리겠습니다.

각자 여러 가지, 모두가 살아가는 방법이라든지 가치를 어디에 둘 것인지라는 게 있겠지만 우리가 처해진 입장, 남북으로 갈라진 상황. 그건 우리 민족이 그렇게 하고 싶어서 한 것이 아니잖아요. 그러니까 우리가 하나가 된다는 것은 온겨레, 우리 모두의 하나의 과제라고 생각합니다. 이에 대한 많은 관심을 가지고 공부도 하면서, 하나가 되기를 바라는 마음이라도 가져주었으면 합니다. 같이 운동은 못하더라도, 이해를 하고, 마음을 함께하는 그런 사람이 불어나면 우리 모두가 평화로운 삶을 사는 세상을 볼 수 있지 않을까요.

참고 자료

『두산백과사전』

『민족문화대백과사전』

〈통일뉴스〉, 〈한국일보〉, 〈한거레신문〉

IV

의료는 남북관계를 여는 열쇠

정근
- 1960년생 경남 산청 출생
- 2004년~현재 (재)그린닥터스 이사장
- 2012년~현재 의료법인 온그룹의료재단 온종합병원 출연자, 병원장, 대표원장
- 2013년~2015년 대한결핵협회 회장
- 2005년~2012년 (재)그린닥터스 북한개성남북협력병원 운영위원장
- 2009년~2011년 부산광역시 의사회 회장
- 2007년~현재 부산시민사회단체총연합 상임대표

2019년 제17회 민족화해상(민족화해협력범국민협의회와 경향신문사가 공동 주최)은 국제의료봉사단체인 그린닥터스에게 돌아갔다. 그린닥터스는 2005년~2012년까지 8년 동안 북한 근로자 30만, 남북한을 합쳐 35만 명을 무료 진료해온 점을 높이 평가 받아 민족화해상을 수상하게 됐다.[1] 그린닥터스는 1997년 5월 백양의료봉사단으로 발족했다. 당시 IMF로 인한 의료 공백을 메우기 위해 부산 지역 의료진들이 힘을 모았다. 2004년 2월 창립대회 및 재단법인 등록을 마친 그린닥터스는 그해 4월 용천역 폭발사고를 계기로 대북 의료교류에 본격적인 관심을 기울이게 됐다. 그린닥터스 개성병원은 준비기 - 1단계 개성공단응급진료소 시기 (2005년~2006년) - 2단계 개성남북협력병원 시기(2006년 12월 1일~2012년 12월 31일) - 3단계 개성종합병원 추진시기(2018년 4월 27일~현재)로 나눌 수 있다. 준비기는 용천역 폭발사고부터 그린닥터스 개성공단병원 발대식과 의약품, 의료장비 구비시기까지다. 이 시기는 그린닥터스가 통일부의 개성공단 내 병원운영 사업 공모에 지원해 병원 체계를 갖춰가는 때였다. 1단계는 응급진료소 시기로 2005년 5월 10일 응급진료소를 개소하여 운영했던 시기다. 2단계는 개성남북협력병원 설치 및 운영 시기다. 개성공단 내에서 최초로 30명의 남북 의료진이 공동 진료를 수행했다. 금강산 관광객 피격사건(2008년 7월 11일), 천안함 사건(2010년 3월 26일) 등 많은 사건 속에서도 병원은 계속됐다. 그러나 2012년 그린닥터스 협력사업 승인기간이 만료되면서 철수할 수밖에 없었다. 2018년 4월 27일 판문점에서 남북정상회담이 열린 뒤 개성종합병원 건립 계획을 추진했고, 다방면으로 남북 의료교류 사업을 모색하고 있다.

　　정근의 구술은 1997년 IMF를 시작으로 최근까지 진행된 그린닥터스의 활동기록이며, 남북 간 의료교류 과정에 대한 생생한 증언을 담고

1　『News1뉴스』, 2019/11/05.

있다. 정근은 그린닥터스의 이사장으로 의료를 통한 남북 교류를 지속적으로 강조하고 있다. 그는 의료가 남북 관계를 열어가는 열쇠가 될 수 있다고 본다. 그의 구술에는 개성공단이 지니는 의미, 남북협력병원을 열어가는 과정에서 초기 자원봉사자 확보의 어려움과 남측 의료진의 인식 개선 과정, 남북협력병원 건립과정에서 나타난 남북 간의 의견 대립과 해결 과정, 북측의 낙후된 의료 현실과 남측 의약품 공급의 의미, 응급 진료를 위해 심야에 판문점을 열었던 경험, 남북 의료진의 협업과 남측 의료 기술의 북측 이전 등 남북 의료교류뿐만 아니라 북측 의료 현실에 대한 실제적이고 다양한 이야기를 담고 있다. 또한 결핵 문제와 같이 북측 의료 실태에서 남측이 지금 당장 지원해야 할 시급한 의료 사안에 대한 구체적 실태를 밝히고 지원 방안·방향을 제시한다. 정근은 순수한 의료 협력을 통한 관계 회복과 신뢰 구축이 성공적인 병원 운영의 가장 큰 원동력이었음을 밝힌다. 이는 의료 영역뿐만 아니라 남북 관계를 풀어가는 기본 방향으로 경청해야 한다. 그는 지금도 남북 간 의료협력의 빠른 재개를 촉구하고 있다. 의료가 열리면 다른 것도 열릴 수 있다는 것이 그의 신념이다.

1. 그린닥터스(GREEN DOCTORS)의 출발과 북한에 대한 관심

• IMF와 그린닥터스의 시작

안녕하세요? 선생님. 먼저 그린닥터스 법인을 만들게 된 계기에 대해서 말씀해 주세요.

그린닥터스 재단법인은 애초엔 의료인들을 중심으로 구성됐습니다. 1997년도 아이엠에프(IMF) 위기가 발생하면서 전국 가정이 공황상태에 빠졌지요. 이런 상황에서 의료 취약 노인계층에게 의료공황이 발생했습니다. 특히 어르신들은 갑작스럽게 자녀가 실직을 하고, 가게가 문을 닫고, 가정이 붕괴되는 상황이 벌어지니까 자녀 눈치가 보여 제때 치료를 받지 못하는 일이 벌어졌어요. 그야말로 '의료공황'인 거죠. 물론 경제 공황이 먼저였지요. 경제공황이 의료공황으로 이어지면서 사망자가 급증하게 됐어요. 왜? 급성 맹장염이 와도 참고 있다가 그게 곪아터지거나 해서 그냥 돌아가시게 되는 거죠. 국가도 붕괴상황이니 의지할 데가 없잖아요. "이거 큰일 났다". 그래서 부산의과대학 27회 동기들이 주축이 되고, 교회에 다니는 의사들도 몇몇 합세해서 30여 명으로 이뤄진 백양의료봉사단을 조직했어요. IMF를 계기로 의료봉사단을 만들어 매년 1회, 부처님오신날이나 어린이날을 이용해서 저소득층 의료봉사를 하게 됐어요. 의료진뿐만 아니라 많은 일반인 봉사자들이 합류했어요. 수백명의 환자들이 진료를 받았어요. 당일 일회성에 그친 것이 아니라, 참여한 의사들이 각자 추가 진료가 필요한 환자들을 나누어 자기병원에서 1년 동안 무료로 치료해줬어요. 많은 의사들이 환자를 분담하니, 적은 비용으로 효율적인 진료가 가능했어요.

• 더 어려운 곳으로, 북한 동포에게로

국내의 IMF 상황이 어느 정도 안정될 즈음 의료 봉사자들이 "더 어려운 곳에 가자!"고 해서 중국으로 가게 됐습니다. 지금은 강국이 되었지만 2002년만 해도 중국이 지금 북한과 비슷한 수준이었을 거예요. 중국에 가서 의료봉사를 하면서 압록강 넘어 북한을 바라보다가, 문득 '중국 사람보다 더 못사는 북한이, 우리 동포들이 저기 있는데 저쪽에 있는 북한 사람들 치료가 정말 시급한 문제구나' 하는 생각이 드는 겁니다. 그때 저희들의 봉사 인식이 바뀌게 됐어요. 우리가 개인적으로 선행을 하고 봉사하는 것도 필요하지만, 조직화하고 시스템을 갖춰서 일을 하면 더 효율적으로 이뤄지겠다 해서 '그린닥터스 재단' 같은 조직을 생각하게 됐어요.

2. 그린닥터스 개성병원 설립과 남북협력병원

• 개성병원 설립 지정

그러면 그린닥터스 활동과 관련해 좀 더 직접적으로, 개성공단 긴급의료지원사업에 대해 여쭙겠습니다. 북한 개성공단은 일종의 합작기업, 사업인데요. 개성공단 노동자를 대상으로 하게 된 과정을 말씀해주세요.

2004년 그린닥터스 재단이 만들어지고 북한 진료를 생각하면서 처음에는 평양을 떠올렸어요. 그런데 평양은 한 번 갔다 오려면 일주일 이상이 걸려요. 의료 기기 지원이나 병원 같은 의료 지원시설 등을 평양에 지원·설치해주면 처음 6개월은 열심히 잘 운영하는데 그 다음부터는 안 움직여요. 의료자원이 태부족한 북한 시스템에 맡겨둬서는 비효율적이었어요. 그래서 한국 의사들이 병원을 직접 운영하는 것을 고민하게 됐어요. 한국 의료수준은 누구도 따라올 수 없을 만큼 세계 최고 수준에 도달해 있거든요. 북한이 제일 취약한 분야가 의료예요. 의료 발전이 안 됐고, 의약품 공장도 없고. 한국 의사들이 직접 쉽게 북한 땅을 드나들 수 있는 곳이 없을까 고민하고 있었어요. 그러던 차에 2004년 어느 일요일 우연히 북한 개성공단의 문이 열린다는 뉴스를 보고 그날 오후에 그린닥터스 집행부 긴급회의를 했어요. 우리가 북한을 의료 지원하려면 평양이 아니라 개성으로 가야 한다. 우리가 쉽게 갈 수 있는 곳에 가야, 북한 사람들을 직접 치료해주고, 의료기계도 고칠 수 있고, 기기 업그레이드도 할 수 있으니까. 그래서 개성을 가자고 (2004년) 5월 일요일 오후에 (개성공단 오픈 뉴스를 보고) 곧바로 결정하고, 그 내용을 재단 홈페이지에 올려놨어요. 마침 정부에서도 북한 개성공단에 들어갈 남측 의사들을 찾고 있었어요. 보건사회연구원 황나미 박사가 관련 사항들을 알아보려고 인터넷 검색을 하다가 우연히 그린닥터스의 개성공단 진출결의 내용을 발견하고, '대단한 생각을 하고 있는 단체구나'하며 관심을 가졌대요. 바로 이튿날 월요일 아침에 환자를 진료하고 있는데 황나미 박사로부터 전화가 왔어요. "그린닥터스가 북한에 들어가기로 결의했습니까?"라고 해서, "예. 북한에 저희들이 가기로 어제 이사회에서 결정했습니다"라고 대답했더니,[2] 수요일에 황 박사가 부산으로 쫓아왔어요. 만난 자리에서, "그린닥터스 회원들은 대부분 크리스천들이고 선교에 대한 사명을 가지고 땅 끝까지 가는 사람들이다. 이익에 관계없이 필요한 곳이 북한이고 바로 땅 끝이다. 그래서 가려고 한다"고 했어요. 그랬더니 북한이 무서워서 아무도 안 가려고 하는데 그린닥터스에서 이런 생각을 하고 있는 것이 정말 고맙다면서 "진짜 갈 마음이 있느냐"고 한 번 더 물어보더라고요. 우리는 한 번 한다면 한다. 이 일이 대한민국의 통일과 선교, 대한민국의 미래를 위해 꼭 필요한 일이고, 북한 사람들이 머리에 뿔 달린 사람도 아니고 똑같은 한국 사람인데 왜 안 가겠느냐고 했어요. 저희들은 외국에 지진 난 곳도 갔거든요. 그런 사지(死地)에도 가는데 우리 동포들의 땅인 북한에 왜 못 가냐, 당연히 가야 된다. 그린닥터스 팀이 '우리가 해야 할 일이다'라는 사명감을 가지고 진행한 것이 개성병원이에요. 개성에 병원이 있어야 한다고 해서, 우리를 보내달라고 했어요. 정부 지원이 없는데 운영을 어떻게 하냐고 걱정하길래 "지원 없어도 됩니다. 우리가 다 알아서 합니다"라고 했어요. 돈은 그래도 다 생기게 돼 있어요. 병원에 있는 걸 가지고 가면 되니까요. 그렇게 시작해서 한두 달 동안 갑작스럽게 백 몇 십 페이지 되는 〈개성공단 긴급의료지원 대북사업 지원 보고서〉를 만드는 등 서둘러 준비했고, 결국 그해 11월에 통일부로부터 대북사업자로 지정받아 북한 개성공단에 들어가게 됐어요. 부지를 보고 병원 시설들을 세팅하기 위해 난생 처음 북한 개성에 들어갔어요.[3] 그때만

---

2 개성공단 시범단지 준공식이 열린 2004년 6월 30일 그린닥터스는 긴급 상임위원회를 열어 개성공단 내 병원운영에 참여하기로 결정했다(그린닥터스, 2019, 『그린닥터스 개성남북협력병원 백서』, 그린닥터스, 54쪽).

3 그린닥터스는 통일부의 개성공단 병원 운영 수탁기관 공모에 대비해 3개월에 걸쳐 제안서를 작성했다. 제안서 명칭은 「사단법인 YMCA 그린닥터스 개성공단 응급시설 입주 제안서」였다. 북한의 의료 현실, 공단 운영에 대한 정보도 부족한 상

해도 개성공단은 이름만 붙어 있었지 아무것도 없었어요. 허허들판에 산을 깎고 있었고, 산 정상 초소에는 경비병들이 기다란 총을 들고 경계를 서고 있었어요. 가서 보고 '참 황량하다, 그렇지만 우리의 도움이 필요한 곳이다. 남북 교류에서 경제 교류도 중요하지만 의료 교류가 먼저 돼야 한다'고 생각했어요. 그래야 남한 국민이 개성공단에 가더라도 치료를 제대로 받을 수 있잖아요. 2004년 11월 우리가 정말 의료를 통해 남북평화에 기여할 기회가 열렸어요.

• 기회는 준비하는 사람들에게 온다

1890년도에 조선에 외국 의사들이 많이 들어왔어요. 부산에 많이 상륙했고, 인천으로도 들어왔죠. 의사들이 들어와서 연세대학교도 세우고, 세브란스도 만들었어요. 그것처럼 북한에도 병원이 들어가면 많은 일들을 할 수 있어요. 경계의 심리가 무너지는 거거든요. 의료가 들어가면, 아픈 사람을 치료하면, 경계가 무너지게 돼요. 그 일을 우리가 만들어보자. 그래서 북한에 들어가게 된 것인데 준비는 하고 있었지만 그 기적 같은 일들이 딱 시간에 맞춰 시작된 거죠.

준비하는 사람들에게 기회가 온 거네요. 사실.

태에서 남북협력병원에 대한 의지만으로 110쪽에 달하는 방대한 제안서를 만들어 2004년 10월 1일 통일부에 제출했다. 10월 26일 이 보고서가 채택됐고, 그린닥터스는 '개성공단 시범단지 응급의료팀'으로 선정됐다. 이후 11월 15일 북한 당국으로부터 개성병원 관련 북한 방문 초청장을 수령했고, 19일 통일부로부터 개성공단 내 의료시설 설치협력사업자 및 협력사업 승인을 얻었다(그린닥터스, 앞의 책, 54-57쪽).

그렇죠. 2002년에 중국 왕청에서 압록강을 쳐다보면서 북한에 가야 되겠다는 결의를 하고, 계속 연구·조사를 해가는 과정에 2004년 초 신의주 용천 폭발사고가[4] 일어났어요. 사고로 인해 많은 사람들이 죽었어요. 그때 우리가 의료봉사를 가겠다고 했더니 북한쪽에서 들어오지 말라고 했어요. 그래서 저희 그린닥터스가 부산에 있는 대학병원 내 군데와 함께 긴급 의약품들을 모았으나 독자적인 지원루트를 확보하지 못해 결국 대한적십자사를 통해서 북한으로 보냈어요. 그 일들을 하나하나씩 추진하면서 모든 것이 짜인 순서대로, 필요한 대로, 그린닥터스 개성병원이 준비되었다고 생각해요. 그러니까 의료봉사를 하면서 의료 네트워킹을 통해 뜻을 같이 하는 의사들을 모았어요. 예를 들어 2003년도에는 인도에 의료 봉사를 가면서 거기서 한국인 의사를 한 명 만났어요. 저하고는 인연이 오래된 의사였는데 그분도 북한 개성병원을 위해 준비된 의사로서 기다리고 있었던 거예요. 북한에 가려고요. 근데 생각해 보세요. 북한에 들어가서 봉사할 의사들이 얼마나 되겠어요. 편안한 삶, 많은 월급, 가족들의 반대를 무릅쓰고 갈만한 의사들이 많지 않아요. 필요한 시기에 맞춰 의료 기계, 의약품, 특히 사명감 가진 의사들이 준비되어 있었으니까, 북한에 간다고 했을 때 가능했던 거지요.

---

4   2004년 4월 22일 북한 용천역에서 발생한 폭발사고다. 1,300여 명 이상 사상, 주택 1,800여 채 완파, 6천여 채 이상 파괴, 역 주변 반경 500미터 함몰, 반경 4킬로까지 피해를 입었다고 전해졌다. 최악의 열차 폭발사고였다. 당시 정세현 통일부 장관은 "정부는 동포애와 인도적 차원에서 우리가 할 수 있는 일을 다 할 생각"이라 밝혔다(『한겨레』, 2004/04/24).

• 그린닥터스 개성병원에서 남북협력병원으로

그린닥터스 개성병원, 그 정식 명칭은 어떻게 됩니까?

처음에는 개성공업지구 그린닥터스 응급진료소, 2차 단계에는 개성공업
지구 그린닥터스 남북협력병원이 됐어요. 초기엔 응급진료소 형태로 시
작했어요. 우리가 처음 진료를 시작한 게 2005년 1월 1일이었어요. 남북
당국자 합의사항에 따르면 그냥 남한 의사들은 남측 진료소에서 남측
근로자만 진료합니다. 그래서 처음에는 북한 근로자들은 북한 의사들이
진료했어요. 현대아산에서 북측 진료소를 지원했습니다.

남한 근로자를 진료하는 명목으로 북한에 처음 들어갔고, 그린닥터
스 개성병원을 시작하게 된 거예요. 1년이 지나 2006년 경 현대아산이
여러 가지 일로 힘들어져서 북측 진료소를 지원할 수 없는 상황에 처했

사진 1 개성 응급진료소(2005년)

어요. 그즈음 북측에서는 개성에 있는 그린닥터스 병원(남측진료소)에 가면 약이 풍부하다는 얘기가 돌았어요. 북측 진료소에는 약도 없고, 월급 줄 사람도 없다고 했어요. 상황이 이렇게 되자 북한 의사들이 의논하러 왔어요. "그린닥터스에서 북측 진료소를 맡아주면 안 되겠나?" 하더라고요. 우리야 당연히 해드려야지요, 힘든 일 도우러 왔는데. 곧바로 도와주겠다고 약속을 했지요. 북측이 도움을 요청하면서 자기들이 제안한 것으로 하지 말고 우리(그린닥터스)가 제안한 걸로 해 달라. 우리가 요청하고 자기들이 받아들인 걸로 하자는 거예요. 자존심이 중요하잖아요. 도움받는 사람들도 자존심이 있으니까. 순수하게 그렇게 하자, 해서 시작했어요. 이제 그러면서 합쳐진 이름이 '그린닥터스 개성공업지구 남북협력병원'입니다. 남한이 북에 가서 설립한 최초의 병원이 '그린닥터스 개성병원'이고, 남북 의사들이 함께 합쳐져 만든 것이 '그린닥터스 개성공업지구 남북협력병원'이예요.

• **남북협력병원 협약 과정**

남북협력병원 협약 맺을 때, 협약 체결과정은 어땠나요?

둘 다 최초인 거죠. 의사들 월급, 병원 운영 방식, 의료사고가 생겼을 때 처리 방침 등 남북 간의 의료협약들이 처음으로 이루어지기 시작했어요. 하나씩 하나씩 단계를 맞춰가면서 협약을 만들어 가는데 남측 사람들은 "북한 사람들이 머리에 뿔이 나서 말 듣겠나?, 고집이 센데 의논은 되겠나?" 그런 선입견이 있었어요. 그런데 전혀 아녜요. 북한 사람들은 뿔 안 났다. 우리랑 똑같다. 그리고 합리적으로 말하면 합리적으로 수용을 잘 한다. 처음에는 자주 왔다 갔다 하죠. 북측에서 요구하기도 하고, 우리가 요구하기도 하고. 그런데 나중에 속내를 들여다보면 아무것도 아네요. 그냥 똑같아. 서로 이해를 못하니까 반대를 하고, 저항하고, 사인을 안 하고 하는 거예요. 그들하고 대화가 안 된다? 천만의 말씀. 대화 잘 돼요. 신뢰가 구축되고, 마음에 있는 말을 하면 서로 이해할 수 있어요. 이해만 하면 서로가 마음에 느낌이 오잖아요. 이야기를 해보면, 아 저 사람이 그냥 반대만 하는구나, 형식적으로 하는구나, 진심이구나, 하는 걸 느낄 수 있죠. 북측 사람들이 그걸 잘 캐치해요. 북측 사람들은 자기들이 남측 사람들한테 많이 속았다고 그래요. 저는 그걸 알고 늘 충분히 이해시키려고 노력했어요. "남측 사람이 당신들을 속이려고 한 것이 아니다. 마음이 통해서 도와주려고 큰마음을 먹고 남한으로 돌아왔으나 남한의 현실이 녹록치가 않더라. 많은 자금과 에너지가 필요한데 현실이 도와주려는 마음을 따르지 못해 약속위반이 되는 거다. 남측 사람들의 그 마음만은 당신들이 이해해줘야 한다". 그러니까 그분이 "아, 그래서 그렇구나", 이해를 해요. 충분한 설명과 이해와 설득이 있어야 한다. 그런데 매사 어떤 이익적인 목적을 가지고 가다보면 잘 안 믿잖아요. 그린닥터스는 사사로운 목적이 없으니까. 돈을 벌려는 것도 아니고, 진료비를 받는 것도 아니고, 국가에서 지원 받는 것도 하나 없고, 북에 와서 순수하게 도와주고 봉사하니까. 이분들이 나중에는 믿게 되는 거죠. 신뢰만 구축되면 남북관계는 참 쉬운 것 같아요. 신뢰과정이 어렵지요. 그중 인간관계가 참 중요합니다. 그렇게 최초 협의사항들이 문서로 작성되고, 합의 도장을 찍었어요.[5]

남북 의료분야에 혁신적인 일이 일어난 거죠. 그런데 그때만 해도

---

[5] 2006년 6월 27일 남북한 당국과 그린닥터스 등 3자가 '개성공업지구 의료시설의 건설 및 운영에 관한 합의서'에 서명함으로써 남북한 보건의료 협력에 새로운 이정표를 세웠다(그린닥터스, 앞의 책, 70쪽).

개성공업지구 의료시설의 건설 및 운영에 관한 합의서

중앙특구개발지도총국(이하 "총국"이라 한다)과 개성공업지구관리위원회(이하 "관리위원회"라 한다), 재단법인 그린닥터스(이하 "그린닥터스"라 한다)는 개성공업지구내의 의료환경을 개선하기 위하여 개성공업지구 의료시설의 건설 및 운영에 관하여 다음과 같이 합의한다.

제1조 : 목 적

① 총국과 관리위원회, 그린닥터스는 개성공업지구에 먼저 임시 의료시설을 전개하고 운영하기 위하여 적극 협력한다.

② 총국과 관리위원회, 그린닥터스는 <개성공업지구 종합진료소>를 건설하고 운영하기 위하여 적극 협력한다.

③ 총국과 관리위원회는 앞으로 개성공업지구 1단계 구역 안에 개성공업지구 종합병원을 건설하고 운영하기 위한 사업에서 적극 협력하며, 그의 규모와 구성, 운영방법은 앞으로 따로 협의한다.

제2조 : 임시 의료시설의 규모와 위치, 운영방법

① 임시 의료시설은 개성공업지구 총국 사무소에 설치한다.

② 임시 의료시설은 내과와 외과로 구성하며, 간단한 진단, 구급처치, 주사 치료 등을 위한 의료장비들을 갖추도록 한다.

③ <개성공업지구 종합진료소>가 개소되면 임시 의료시설에 근무하는 의료인원과 의료시설은 <개성공업지구 종합진료소>로 옮긴다.

④ 임시 의료시설에 필요한 의료장비와 의료인력의 노임은 그린닥터스에서 지원하며, 세부적인 내용은 합의자가에 별도로 협의한다.

사진 2　개성공업지구 의료시설의 건설 및 운영에 관한 합의서(2006년 6월 27일)

남북관계는 거의 비밀에 붙여졌어요. 개성병원 관련 협의과정과 내용이 공개 안 됐죠. 안타까운 일이었어요. 이런 일이 좀 더 많이 확산되고, 남북 협력과 남북 간의 교류가 많아지고, 긍정적인 효과들이 많이 노출됐으면 좋겠는데 말이죠.

3. 남측 의료진 확보 과정과 의약품 공급

• 남측 의료진 확보의 어려움

개성병원은 그 운영과 의료 지원에서 가장 중요한 것이 의료진을 확보해 지원인력을 보내는 것일 텐데요. 이런 부분은 어떻게 해결했습니까?

제일 좋은 것은 정부에서 일괄적으로 보건소 공보의(공중보건의)처럼 보내주는 거겠죠. 의무복무 하러 군대 가듯이. 근데 군대같이 한다면 누가 지원하겠어요. 아무도 안 가려고 하지. 또 강제로 북한에 가라고 하면 갈 사람 아무도 없습니다. 강제로는 못 보내잖아요. 정부에서 파송했다가 문제가 발생하면, 그게 결국 정부 간의 문제가 돼버리잖아요. 의료사고가 발생할 때 이게 수습이 어려워요. 어찌 보면 정부의 입장도 충분히 이해가 돼요. 그래서 민간에게 맡기게 된 거죠. 그런데 민간인이라도 누가 가겠어요. 사고가 일어날 수도 있고 하니, 아무도 안 가려고 하지. 처음에는 의료진을 모으는 데 굉장히 힘들었어요. 많이 설득해서 겨우 마음이 동해 "가겠습니다" 대답을 들었는데, 가는 당일 아침에 갑자기 해당 의사가 행방불명이 돼요. 안 가려고 하는 거지요. "우리 어머니가 절대로 허락을 안 해서 못 갑니다!", "아내가 허락을 안 해서 못 갑니다!". 당연하죠. 누가 그 사지로 보내겠어요. 2005년도만 하더라도 남북관계가 그리 평화롭지 못했고, 지금보다 더 위험하다고 느꼈을 텐데. 옛날에는 중국에 가면 못 나오는 줄 알았잖아요. 지금 중국은 전혀 그렇지 않죠. 그렇게 이해하면 돼요. 그 당시만 해도 가족들이 북한에 들어가면 돌아올 수 없다고 생각했어요. 그러니까 가지 말라고 하고.

단기 파견이었습니까? 아니면 1년, 2년, 이렇게 장기 파견으로 보내는 건가요?

장기 파견 간 사람은 사실 없고. 갔던 사람들이 계속 돌아가면서 들어가요. 단기적으로, 각 과별로 한 달씩 파견을 보내요. 강제로 어느 병원에서 한 사람 '너 가라' 하면 아무도 안 가요. 차라리 병원에 사표를 내버리지. 인력수급이 힘드니까 (그린닥터스 대표인) 제가 하는 일은 매일 병원 원장님들에게 전화해서 괴롭히는 거예요. 부산지역 네 개 대학병원 병원장님들께 아침에 전화하는 게 제 일과예요. "선배님, 의사 한 명이 또 비는데 다른 의사를 좀 보내주세요", "안 간다는데 어떻게 하나, 어떻게", 나중에 총장을 지냈던 한 교수님이 "할 수 없다. 내가 대신 가야 되겠다"고 하시는 거예요. 고신대 정현기 총장이 대학병원 병원장하실 때 한 달 개성병원에 다녀왔어요. 병원장 밑의 주임과장이, 교수가, 죄다 안 가려고 하고 약속을 어겼어요. 그래서 외과의사인 고신대 총장님이 한 달 갔다 왔어요. 의사들은 진료, 치료에 대한 사명감이 중요해요. 총장이 다녀오니 달라지기 시작했어요. 그렇게 1년을 버티면서 개성병원 진료시스템을 만들었어요. 처음 1년이 제일 힘들죠. 1년이 지나니까 "북한에, 개성병원 진료봉사 갔다가 살아서 돌아오네!". 이렇게 인식되면서 지원자가 생기게 됐어요.

• 초기 의료 인력의 고충과 의료 인력 확장

1년 동안 부산 의사들이 고생했지요. 부산 의사들만으로 1년을 지켜내는 건 힘들었어요. 갑자기 비는 자리가 생기면 병원장인 저도 갔고. 우리병원 전문의도 보내고, 친구 의사도 보내고. 그리고 제가 의과대학 교수를 했어요. 그러면서 후배들도 설득해서 보내고. 그린닥터스 임원인 병원장님들, 김인세 총장님(부산대)을 비롯해서 온종합병원 의사분들. 초창기에 사명감으로 갔던 의사들이 있어서 1년을 버텨낸 거예요. 그때는 부산~서울 간 KTX도 없었고, 빠른 게 새마을호였거든요. 새마을호 시절엔 부산 의사가 북한에 하루 갔다 오는데 2박 3일이 걸려요. 새마을호 타고 월요일 부산역에서 출발하면 화요일 아침 서울역에 도착해서 곧바로 월경해서 개성병원에서 진료하고 수요일 새벽에 부산에 되돌아오는. 무박 3일을 하는 거예요. 그렇게 1년이 지나니까 서울의 의사들이 '부산 의사들이 저 먼 데서 오가는데 우리도 한 번 가봐야겠네', 그런 생각을 갖게 됐어요. 그 사이 우리가 서울 그린닥터스를 조직했고, 거기 소속된 의사들이 '아! 한번 가보자' 해서 연세대 교수들이 가장 많이 움직였어요. 연세대, 그 다음에 서울대, 가톨릭의대 … 1차 년도에는 부산대병원, 고신대병원, 동아대병원, 부산백병원에서 움직였다면, 2차년도에는 서울대, 연세대 … 연세대가 제일 많이 갔어요. 연세대 간호대 교수님들이 또 팀을 맞춰 움직이니까, 각 전문 과목별로 맞춰 가게 됐어요. 상주하는 의사 두 명이 교대로 파견 진료하고, 과목별로 가서 진료하고 수술하고…. 현대아산이 무너지면서 그렇게 남북협력병원이 만들어졌어요

• 남측 의사와 북측 간호사의 협력

북한 노동자를 진료할 때 북쪽에서 어떤 제안사항이나, 주의사항을 제시한 것은 없었나요?

처음에는 남측 환자는 남측이 보고, 북측 환자는 북측에서 보기로 했어요. 남한, 북한, 북조선, 남조선 이런 말이 없고, '측'이라 하거든요. 남측, 북측, 서로 나눠서 환자를 본다, 그렇게 했지만 그런 게 어디 됩니까? 안 지켜지지. 인력이 없으니까. 남측 진료소에는 간호사들이 없으니까. 북한 노동당 간부보고 우리 간호사들이 오기 힘드니까 북한 간호사들을 넣자고 제안했죠. 북측에서도 "어! 좋습니다" 하고 즉각 수용했죠. 왜? 자기들도 월급을 받으니까. 그러면서 고용 폭을 넓혔어요. 남측 진료소에서 북한 간호사도 고용하고, 치과의사도 고용하고. 북한 간호사가 접수를 하니까, 자연스럽게 북한 근로자들이 남측 진료소로 오게 됐어요.

　　공식적으로는 못 오지만 비공식적으로는 문이 열려있으니까 살짝 들어와서 진료 받고. 또 어떤 노동당 간부 같은 경우는 사람이 없을 때 잠깐 들러서 진료 받고 가고. 그 분들은 자기 약뿐만 아니라 가족들 약까지 타 가지고 가기도 하고. 어떻게 보면 개성지역 20만 명 시민들에게 그린닥터스 병원 약이 다 공급됐다고도 볼 수 있죠. 약을 통째로 이만큼 들고 가는 것이 아니라, 필요한 양만 가져가니까 필요한 곳에 쓰이는 거예요. 수많은 의약품들이 개성병원을 통해서, 개성공단 북한 근로자들을 통해서, 평양까지 갔어요. 다 봉쇄돼 있는데 평양에서는 어떻게 약을 구했겠어요. 개성공단을 통해서 아픈 사람들이 약을 받아 갔던 거예요. 저희가 부산에서 약을 모아서 보내고, 제가 또 자주 가니까 가서 주고. 어떻게 보면 개성공단지역 내에 근로자 5만 7천 명 더해서 개성지역 주민 20만 명, 그 다음에 평양에 있는 사람들, 가족들까지 남한 의료, 의약품

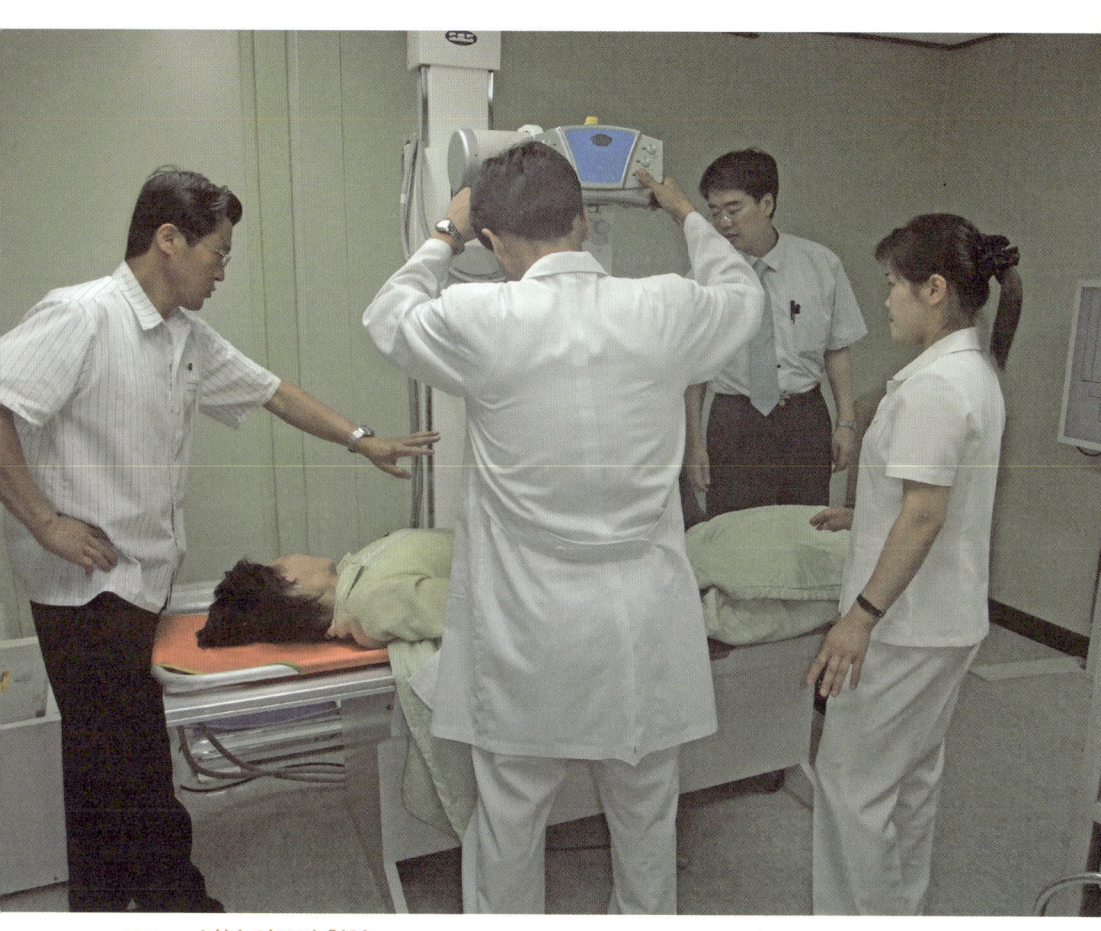

사진 3   남북 의료진 협업

혜택을 본 거죠.

• 개성공단에 의약품 공급하기

그러면 개성공단에 의약품은 어떻게 공급하셨나요?

2004년도 1월에 용천폭발 사고, 신의주에서 기차가 폭발했을 때 북한에서 의약품이 긴급히 필요하다고 도움을 요청했어요. 북한이 다른 도움은 잘 요청하지 않는데 의료 부분은 달라요. 의료 부분에 있어서는 자기 나라에 의사도 부족하고, 결핵도 많고 한 것을 다 공표해요. 의약품이 부족하니 도와 달라 공표한 것이 계기가 됐어요. 그때는 도와 달라고만 했지 들어오란 말은 안 했어요. 그래서 저희들이 적십자에 의약품을 모아 주겠다고 했어요. 부산 시내 병원, 종합병원들 의약품을 보면 기한이 한 1년 남은 의약품 재고들은 잘 판매를 안 해요. 기한이 지나지 않은, 파기 기한이 적어도 1년 내지 2년이 남은 의약품들을 저희가 모았어요. 긴급히 쓸 곳이 있으면 써도 되거든요. 이걸 모아서 2004년 1월 용천폭발사고가 났을 때 항생제를 보낸 것이 북한에 의약품보내기운동의 시작이었어요. 개성병원을 운영하면서 보니까, 북한 사람들이 모르는 척 해도 다 알고 있더라고요. 그때 많은 도움 받았다고. 개성병원을 시작하니까 의약품이 많이 필요하게 됐어요. 하루에 북한 환자 200명, 남한 환자 30명, 한 230명을 진료하니까 의약품이 많이 필요해요. 북한 환자 200명을 통해서 자기 아버지, 어머니, 할아버지, 할머니, 사촌들 약까지 타가니까요. 자기가 아픈 듯이 말해서 가족의 약을… 우리는 다 알고 있으면서, 봉사하러 간 건데, 아픈 사람뿐만 아니라 그 가족까지 치료할 수 있으면, 그것도 치료의 일종이거든요. 다 알면서 약을 드려요. 자기들은 치료 받고, 약을 가져가 또 다른 사람을 도와주고. 그러니까 어떻게 보면 개성시민 20만 명을 계속 진료해왔던 것이라 볼 수 있는 거죠.

그 당시 남한에서 의약품을 모을 때 그냥 모으면 누가 주겠어요? 저희들이 종합병원, 대학병원, 병원을 운영하니까 유효기간이 어느 정도 남아 있는 의약품들을 모을 수 있었던 거죠. 의사들이 직접 의료봉사를 하면 그래서 좀 나은 편이죠. 전부 약을 사서 가면 정말 많은 돈이 들어야 하는데 의료인들이 하니까 그게 큰 장점으로 작용했어요. 의료를 아니까. 똑같은 성분이라도 조금 더 싼 약이 있거든요. 저희가 구매할 때는 성분이 같은 싼 약을 구매해서 적은 비용으로 큰 효과를 볼 수 있도록 했죠. 의사, 의료인이 중심이 된 의료 지원, 의료봉사가 국가가 하는 것보다 비용 측면에서 훨씬 효율적일 수 있어요. 그리고 효과적이에요. 필요한 곳에 필요한 걸 줘야 해요. 막 갖다 주다 보면 북한 사람들도 필요하지 않은 것이 많아 사장돼 버려요. 유통기한이 지나면 그건 그냥 폐기물이 되는 거예요. 그래서 남북 교류할 때 제일 중요한 건 그 사람들이 필요한 부분들을 적절히 조율해서 효율적으로 공급하는 거예요. 그래야 돈도 절약되고, 그분들이 필요한 것을 줄 수 있고. 이런 부분들이 시스템화 되는 것이 필요하다는 생각을 많이 했어요. 쓸데없는 것 다 빼버리고, 필요한 부분을 주는 것. 이걸 잘 이야기해서 맞추면 돼요. 그런데 그런 일들이 처음에는 어려워요. 특히 어떤 문제가 생겨서 책임소재 공방이 벌어지면 참 어려워요. 북측도 혹시나 문제가 됐을 때 책임 공방이 벌어지고, 남측도 마찬가지니까, 그걸 피하기 위해서 꼼꼼히 하려고 하잖아요. 그러니까 시간이 길어지더라고요. (협의) 시간이 길어지면 의약품은 전부 소멸될 수 있어요. 필요한 시간에, 적절한 시기에 빨리 가는 것이 필요하다. 이걸 가능하게 하는 것이 민간단체의 장점이자, 의료전문가들의 장점이에요. 전문가들이 빨리하면 빠른 시간 내에, 적은 비용으로 고효율을 낼 수 있죠. 저희 그린닥터스 재단이 의약품을 공급받고 제공하면 가능하죠. 수백억 비용이 들 수 있는 것을 1/20 비용으로 전부 운영했던 것이, 전문가들이 모여 있어서 가능했다고 생각해요.

북한에서 가장 필요로 하는 의약품이 무엇이었습니까?

항생제죠. 항생제가 금값이죠. 미국이나, 한국이나, 북한이나, 항생제 가격은 같아요. 약 캡슐 500mg 하나에 미국이 1천 원 하면, 한국도 1천 원, 북한도 1천 원인 거예요. 미국 1인당 국민소득인 6만 달러에 1천 원이라면 얼마 안하는 거예요. 한국도 3만 달러 넘어서니까 그렇고요. 북한은 1인 국민소득이 1,500달러밖에 안 되니까 1천 원이면 엄청나게 비싼거죠. 항생제 한 알이 북한에서는 금값 수준이라고 할 정도로 비싸게 치는 거죠. 그래서 항생제가 가장 필요해요. 그리고 북한 주민들한테는 항생제가 잘 들어요. 왜? 약이 없으니까 못 쓰고, 약을 써보지 않아서 약을 투여하면 잘 들어요. 의학 부분에서 북한의 숙원사업, 제일 필요로 하는 게 평양에 항생제 공장을 지어달라는 거예요. 그래 북한에 항생제 공장을 지어줬어요. 근데 이것도 쉽지 않아요. 기계는 돌아가는데 무엇이 없어요? 항생제 재료가 없는 거예요. 꾸준히 재료가 공급돼야 하는데 이게 잘 안되니까 공장이 문을 닫게 되는 거죠. 그래서 공장을 지어준 것은 전형적으로 효율적이지 못한 지원이 되고 말았어요. 항생제 공장을 지어줘서 재료를 공급할 것이 아니라 그냥 항생제를 바로 주는 것이 더 효율적이에요. 전기도 없고, 뭐도 없고 그러니까 나중에 시간이 지나면 공장 가동이 안 돼요. 그래서 저희들이 그랬어요. 의료, 의약품 남북 교류할 때는 비용을 고려해서 북한도 좋고, 남한도 좋은 방법을 찾는데 노력했어요. 평양 이런 곳에는 의약품 재료 공급이 제때 안 되니까, 접근이 용이한 개성에 의약품 공장을 만들자. 개성은 재료 공급이 쉽고, 차로 쉽게 갈 수 있으니까. 개성에서 생산된 의약품을 가까운 평양으로 공급하면 되죠. 그래서 우리는 평양에 의약품 공장을 짓지 말고, 개성에 지으라고 주장해요.

4. 의료 시설 · 체계의 구축과 의료 교류

• 의료 시설의 구축

의약품에 이어서 그럼 이제 그린닥터스 개성병원에 설치되어 있는 의료 시설에 대해 말씀을 부탁드릴게요.

시티(CT), 엠알아이(MRI)가 설치되면 좋겠는데 못했어요. 저는 제일 안타까운 게 남북한 간에 사무통신, 전화, 인터넷이 안 되는 것이었어요.[6] 저희들은 사실 2000년도 초반에 원격진료를 준비했어요. 시티 찍고 엠알아이 찍고, 엑스레이 찍으면 원격으로 남측에서 판독해주고, 남측 의사들이 직접 개성 땅에 많이 안 가도 되잖아요. 그러면 영상의학과 의사가 갈 필요 없이 남한 땅에서 판독해주면 되는 거예요. 피부과 의사도 갈 필요 없어요. 저희들이 원격진료를 미리 연습해서 성공했거든요. 그걸 북한에 접목시키려고 했는데 그게 안 되는 거예요. 북측에서 거절해서 할 수 없었어요. 북측에서는 북의 현 실정들이 실시간으로 남한에 전달될 것을 우려해서 거절한 거지요. 근데 북한 사람들이 남한 텔레비전은 다 봐요. 개성에 가면 KBS, MBC 다 나와요.

---

6   개성공단은 3통(통행, 통신, 통관)이 제한돼 있었다.

공식적인 것과 비공식적인 것이 다르다는 거지요.

시티나 엠알아이도 안 되더라고요. 엑스레이도 필름으로 찍으면 항상 필름을 들고 가고 현상하고, 또 판독도 받고 해야 해서 그냥 필름 없는 디지털 엑스레이를 개성공단으로 가져갔어요. 그 당시만 하더라도 북한 의사들에게 디지털 엑스레이 사용법을 교육시켜야 했어요. 초음파검사 기계, 수술 기구, 수술실, 안과 기계, 치과 수술용 기계, 임상장비들, 결핵 검사 장비, 혈액·피·소변 검사 장비들, 기본적인 시설은 다 갖추고 있었어요. 응급 수술할 수 있을 정도까지.

• 응급 상황 시의 대처

응급수술하려면 마취의사가 들어가야 하잖아요. 그런데 밤에 상황이 발생하면 남측 마취 의사가 개성병원으로 들어가기 위해 평양당국의 허가를 받아야 하고, 남측 통일부로부터 남북교류 허가를 받아야 되는데 안 되는 거예요. 응급 환자는 밤 12시에도 남한으로 후송 조치했어요. "응급 환자 있습니다!" 하고 평양에 전화로 알려주면 거기서 답변이 와요. 평양 당국의 전화로 휴전선 문이 열려요. 그 남한 환자는 남한(일산백병원)으로 후송해요. 그린닥터스가 휴전선 문을 최초로 열었습니다. 우리가 매달 수시로 문을 열었어요. 우리가 '열어야 됩니다!' 하면 열 수 있는 거예요. 어떻게 보면 파워가 센 거죠. 밤에 휴전선 문을 열었으니까. 밤 12시에도. 밤새 언제든. 그런 점에서 보면 남북 간에 순리적으로 풀 수 있는 문제는 참 많이 풀었다고 볼 수 있죠. 어떻게 밤 12시에 휴전선을 통과할 수 있겠어요. 의료 때문에 그게 열리는 거예요. 의료가 그만큼 중요한 거예요.

아휴, 밤에 차타고 가다가 사고 나거나, 넘어진 차에 받히거나… (개성공단 내) 차가 거의 없으니까 교통사고가 오히려 더 나요. 마음대로 달리다가 갑자기 다른 차가 튀어나오니까 서로 박기도 하고, 그러다가 차가 뒤집어지기도 하고. 또 남측 근로자 중 여성분들은 더러 밤에 공황장애로 시달렸어요. 밤에 자다가 갑자기 총알이라도 날라 오는 거 아닌가 두려움을 호소하면 남쪽으로 보내고. 그런 환자들이 많았어요. 그러면 의사의 판단에 따라 '휴전선 문 열어야 됩니다!' 하면 북측에서 협조해 평양에 전화 보고를 하면 30분 안에 (남측으로) 나올 수 있었어요. 그 정도로 빨랐어요. 그린닥터스는 개성병원 운영과 관련한 남북 당사자 협의 시 '응급 환자 생길 때는 전화를 해서 빨리 군사분계선을 개방한다. 최대한 빨리 연다!'라고 주장했어요. 저는 의료를 통하면 남북 간의 협력이 더 잘 될 것이라고 생각해요.

• 4개월 만에 열린 개성병원 개소식

적대적인 상황에서도 의료 활동을 통해 제도적인 환경을 바꾸고, 그 한계를 뛰어넘는데 큰 역할을 하신 거네요.

북쪽에서도 자기들의 생각에만 몰입해 있다가 '어, 남측 사람들이 생각하기에는 이렇네!' 하고 자기 생각을 바꾸는 거예요. 그린닥터스 개성병원 개소식을 하겠다고 하니, 우리 보고 개소식을 왜 하려고 하느냐고 그래요. '개소식을 해야 남측 후원자들이 이곳으로 와서 개성병원에 약 같은 의약품이나 의료기기를 지원해주고 도울 것 아니냐'라고 누차 말해도 처음엔 안 듣는 거예요. 북한에서는 이런 거 안 한다고 하면서. (북측에서는 배급제로) 위에서 다 공급해 주니까. 처음 4개월 동안 개소식을 하

2007 4 26

사진 4　협력병원 개소식 테이프 커팅(2007년 4월 26일)

지 못했어요. 나중엔 개소식에 의사만 참석할 수 있다고 해서, 제약업체
도 와야 된다고 끈질기게 설득했어요. 결국 함께 들어가 개소식을 여니
까 협력자들이 생겨서 좋고 서로 이해가 되는 거예요. 그래서 저는 의료
를 통해서 남북 간에 많은 것을 만들어 내야 한다고 생각했어요.

• 개성병원 공간 배치와 남북 협력 진료

건설 현장, 공장 노동자가 직접 설비를 다루는 경우가 많은 공단의 경우 응급환
자 발생 가능성이 크지 않습니까? 북한 노동자들의 진료 시스템은 어떻게 구축
하셨나요?

일을 하다보면 공장 노동자들이 손가락이 잘린다든지, 다리가 부러진다
든지 뭐 그냥 기계에 끼인다든지 그런 경우가 많아요. 또 개성공단이 가
동 초기라서 공장 안전시스템이 잘 구비되어 있지 않았어요. 한국만큼
노동조건이나 이런 시스템이 안 돼 있으니까. 사고들이 많았어요. 가장
안타까운 건 북한 환자들이 손가락이 잘리는 사고였어요. 우리 남측 같
으면 즉각 봉합수술을 하고 치료해주면 되는데, 북측에서 그냥 환자를
데려가 버려요. 나중에 보니까 그 환자는 손가락이 잘린 채 오는 거예요.
깜짝 놀랐죠. 우리나라 같으면 다 봉합해서 되살릴 수술을 그냥 잘려나
간 채 봉합만 하고 온 거예요. 안타깝죠. 한국 같으면 있을 수 없는 일인
데. 자르는 게 편하니까. 봉합을 하려면 현미경으로 봐야 되고, 접합수술
해야 되고, 항생제 써야 되고, 얼마나 복잡해요. 복잡한 일을 못하니까
자른 거죠. 또 드물게 잘린 손가락을 가져와서 수술을 부탁하는 북측 노
동자도 있어요. 급히 응급실을 꾸려서 남북 의사들이 같이 수술해주고.
그런데 그 시설이, 응급 수술시스템이 간단한 건 되는데 중요한 (손 미세

접합) 수술 같은 건 남측에 데려와 전신마취를 해서 수술해야 돼요. 개성 병원 시설에서는 중요한 수술은 못하거든요. 그래서 저희들은 기회가 닿는 대로 언제든지 전신마취 수술이 가능할 수 있도록 개성에 종합병원을 세우려고 했어요. 수술하는 의사들이 상주할 수 있도록, 상주가 안 되면 다음 날이라도 수술 의사가 들어가서 수술할 수 있도록. 그런 시스템을 만들려고 했는데 결국 진행을 못하고 끝났지요.

개성공단 내에 남측 진료소, 북측 진료소, 양쪽을 운영할 때 검사실이라던가, 엑스레이 판독이라던가, 이런 것을 공용으로 이용해야 될 경우가 많지 않나요?

그렇죠. 북측은 남측의 지원은 받고 싶은데, 서로 체제가 달라 따로 떨어져 있어야 하고. 같이 협력하고자 하는 게 우리 목적인데 따로 떨어지면 안 되잖아요. 제가 총책임자니까, 병원 배치 도면을 제가 짜야 했어요. 제가 집에서 몇 날 며칠을 밤을 새면서 고민해 출입문은 남북이 각각 따로 두고, 병원 내부에서는 통하도록 했어요. 목적은 같이 쓰는 거니까. 수술실, 엑스레이실, 검사실, 치과진료실, 이걸 두 개씩 하면 운영비도 많이 들고 힘드니까 같이 쓰자. 그래서 진료실은 남북이 따로 두지만, 병

사진 5 협력병원 남측 · 북측 출입구 전경

원 내부는 남북이 서로 왕래하도록 터서 각 의료시설들을 공동으로 사용하게 만들었죠. 서로 협력이 이루어질 수 있도록.

여기에 대해 북한의 초기 반응은 어땠나요?

처음에는 좋다고 했지요. 자기들은 잘 몰랐으니까. 왜냐하면 북한의 협상대상자가 의사가 아니고 행정을 하는 내각참사였거든요. 북한의 행정체계는 수직적인 관료체계가 엄격하잖아요. 평양에서 온 그 내각참사가 다 결정하는 거예요. 우리는 통일부 공무원이 있어도 그들이 (의료를) 잘 모르니까 의사가 다 하잖아요. 남측 파트너로는 제가 회의에 들어가고, 북측에서는 의사가 아닌 참사가 들어와요. 그럼 누가 이기겠어요. 의사가 이기지. 의사가 하는 말을 따라야지. 논리적으로 치료를 받으려면 문을 열어놔야 할 것 아니냐, 문을 열어 놓고 수술실도 같이 써야 돼, 그래서 가운데 통로를 터놔야 할 것 아니냐. 오케이, 예, 예 하는 거죠. 근데 그렇게 해서 문을 여니 자기들이 놀랐죠. 내부가 싹 다보이고, 모두 한 공간에서 같이 일을 하게 되니까. 백화점 안처럼 돼 버리니까. 북측 참사가 문을 열었던 당일 곧바로 통로 문을 닫고 가버렸어요. 북측 관리들은 병원을 폐쇄했어요. 충격을 받았던지 이튿날도 개성병원으로 안 왔어요. 자기들의 목적은 병원의 분리 운영인데, 앞쪽 출입구는 서로 분리돼 있지만 안쪽은 서로 통하니까. 그 후 그분들이 일주일 만에 나타났어요. "어디 갔다 왔어요?" 물어보니, "교육받고 왔습니다!" 하데요. 정신교육, 사상교양 학습을 받고 온 거예요. 그래서 다시 협의한 끝에 '낮에는 내부 통로를 열어놓고. 밤에는 닫자'고 합의했어요. 석 달 동안 서로 열띤 논쟁이 있었어요. 그 결과 '낮에는 열어놓고 밤에는 닫자'고 했는데, 결국 낮에 열어놓으니까 그것도 문제제기를 하는 거예요. '커튼을 좀 달아서 가려 놓자'. 사실 처음에 그런 문제가 있어도 일주일 정도 지나면 적응이 되잖아요. 서로 왔다 갔다 하고, 같이 쓰니까 자기들도 편하지. 그들은 엑스레이 찍을 줄도 모르는데, 우리가 찍어주고. 북측 사람들이 중앙 통로까지 와서 치료 받으면서 남북 교류가 일어나고. 진료하는 중에도 남북 의료진들은 서로 말은 잘 안 하죠. 서로에게 괜히 문제 생길까 싶어서. 서로 같이 있으면서 자연스레 의료 교류가 이뤄지고, 가르쳐 줄 것은 가르쳐 주고. 디지털 엑스레이도 알게 되고, 초음파도 배우고. 초음파가 남측진료소에 한 대밖에 없으니까 북측이 오히려 갑갑해 해서, '우리도 초음파가 필요하다'고 했고, 저희가 초음파 기계를 구해다 줬죠. 초음파 기계는 이제 금단지가 됐어요. 북측 사람들은 초음파를 완전히 보물처럼 다뤄요. 자연스럽게 의료교류가 일어나면서 북측 의료 수준이, 의사 레벨이 올라갔어요. 환자들은 양질의 혜택을 보게 되고 의료를 통해서 자연적인 교류를 만들어 갔어요. 어떻게 보면 남북 의료 교류는 '남북 교류의 롤모델'이라고 할 수 있어요. 자연스럽게 필요에 의해 개방이 되는 거죠. 하나의 모델케이스다. 충돌이 있을 때 화를 내고, 양측 관료들이 개입하게 되면 그때부터는 또 안 돼요. 합리적으로 설득하고 이해시키려고 해야 해요 "문을 닫아놓으면 어떻게 하나. 그러면 추운데 앞문으로 나와서 옆문으로 들어갈래, 환자 데리고?" 그건 환자에 대한 예의가 아니지요. 그러니까 가운데 문을 통하게 하자. 그러니까 서로 이해하는 거예요. 첫째, 북한과의 협력과 대화에는 상대에 대한 존중이 중요하다. 둘째, (민간) 전문가가 필요하다. 합리적인 설득과 이해가 필요하다. 제가 겪어 보니까, 남북 관계는 책임을 져야하는 행정 관료가 개입하게 되면 참 힘들어져요. 나중에 문책이 두려워서 그냥 안 하고 덮으려고 해요. 그래서 남북 관계에는 민간 교류가 필요해요. 정부도 이제 그걸 잘 알아요. 통일부도 그 당시 남북 협력에 정부 인사들은 뒤로 빼고, 민간단체들을 앞에 내세워 성공했죠

5. 남측 진료에 대한 북측 주민들의 반응과 북측 의료 현황

• 남측 진료에 대한 북측 주민의 반응

남측 의사들의 진료에 대해 북한 사람들의 반응은 혹시 어땠나요?

쉽게 말하면 우리 6.25전쟁 후에 미국 사람들이 와서 진료하면 구름떼처럼 모여서 진료 받고 했잖아요. 똑같아요. 그때 한국 의료수준이 어떻게 보면 경제수준하고 비슷하니까 최악인데, 미국 의료는 최고잖아요. 의약품 풍부하지, 모든 기계 다 있지. 당시 한국 상황과 그린닥터스 개성병원이 있던 북한 상황이 비슷한 거지요. 1950년 6.25전쟁 후의 남한 상황을 2005년 북한 상황이라고 생각하면 돼요. 북한 사람들이 당연히 남한 의료를 신뢰하는 거죠. 그건 또 북한의 의료 상황과도 연관해 생각할 수 있어요. 북한 사람들은 약을 잘 안 먹어요. 왜 그럴까요? 약이 없어서. 약이 왜 없냐? 돈이 없어서. 약을 사먹을 돈이 없는 거예요. 아픈데도 약을 써보지 않았으니 어떻겠어요, 좋은 항생제가 들어가면 어떻게 되겠어요. 금세 치료 효과가 나타나요. 6.25 당시 한국 사람들이 왜 약물 치료 효과가 좋았냐? 약을 먹어본 적이 없는 사람들이 약을 먹으니까, 효과가 금방 나타나서 미국 약이 최고다 그렇게 된 거예요. 북한도 그런 거예요. 북한은 그동안 무슨 약을 먹었을까요? 풀뿌리, 한약을 잘 먹어요. 있는 게 그것밖에 없었으니까요. 그런데 항생제 신약들이, 3대 항생제들이 들어가니까 고름이나 염증들이 다 치료되는 거예요. 그러니까 어떻게 보면 그 당시에 기적의 병원이 됐던 거죠. 북측 주민들 사이에 '그린닥터스 개성병원에 가서 약을 받고 치료하면 다 낫는다' 그렇게 소문이 났던 거죠. 약을 처방받으면서 제일 중요한 건 돈인데, 돈 걱정할 필요가 없으니까. 북한 사람들은 굉장히 까다롭다고 할 수 있죠. 8년 동안 많은 일들이 있었어요. 금강산 피격사건부터[7] 핵실험 사태 등등… 그렇지만 그런 상황에서도 무사히 아무 일 없이 넘어갈 수 있었던 건 신뢰가 있어서예요. 북한이 처음부터 그린닥터스에 신뢰를 가졌던 것은 아니었어요. 북측 관계자들이 의심을 해서 처음 석 달은 힘들었어요. 우리가 애를 먹었죠. '저들이 무슨 목적으로 왔을까?', '간첩이 아닐까?', '미국의 앞잡이 아닌가?' 그린닥터스(Green Doctors)라고 영어를 쓰니까 미국 사람들 아닌가. 북한 사람들이 제일 싫어하는 게 미국, 영어를 쓰는 거예요. 부르주아 의사들, 그리고 그들 대부분이 교회를 다니니까 교회도 싫어해요. 안 좋아하는 세 가지를 다 그린닥터스가 가지고 있는 거지요. 한 석 달 동안 북측이 괴롭혔어요.

근데 어떤 일이 있었냐면 그 당시 남측에서 북측에 연탄을 많이 갖다 줬어요. 오백만 장을 줬어요. 연탄을 주니까 좋다고 받아왔어요. 연탄을 피우면서 아궁이는 안 고친 채 그대로인데 어떻게 되겠어요. 당연히 연탄가스 중독사고가 일어났지요. 신분이 낮은 북측 사람들이 와서 치료를 받으면 별 표시가 나지 않지만, 높은 사람들이 연탄가스 중독이 되면 문제가 달라져요. 북한 병원에는 고압산소 같은 게 없어요. 그 당시는요 엑스레이 기계도 의사가 처음 봐서 이게 뭐냐고 물을 정도였어요. 산소도 없지, 링거도 없지. 수액을 사이다 병에 넣어 쓴다는 이야기도 들렸으니까요. 링거에다 고압산소를 투여하니까 회복이 되는 거예요. 이런 일들은 몸으로 보여줘야지, 말로 해서는 소용이 없어요. 그렇게 넉 달 정도 지나니까 그린닥터스에 대한 인식이 달라지더라고요. 첫 번째가 그린닥터스 개성병원에 온 의사들이 다른 목적이 없다, 그리고 폼을 잡지 않는

---

[7] 금강산 관광객 피격 사망 사건은 2008년 7월 11일 오전 4시 50분경 조선민주주의인민공화국 금강산관광지구에서 남측 관광객 박왕자 씨(53세)가 조선인민군에게 피살된 사건을 말한다.

다, 봉사활동 외에 다른 것을 요구하지 않는다, 그리고 사람들을 겪어보니 믿을 만 한 사람들이다. 그렇게 평가가 달라졌어요. 그러니까 북측 사람들 하고 관계도 달라지더라고요.

한 번은 개성시 인민위원회 부위원장이라는 높은 사람이 와서 밥을 사겠다고 했어요. 대개 밥을 먹으러 가면 북측 사람들은 우르르 몰려와서 밥을 다 먹고는 그냥 가버려요. 계산도 안 하고요. 한 끼에 2만 원짜리, 비싼 식사죠. 그래 우리도 으레 그러려니 했어요. 소문을 들었으니까요. 북측 사람들도 돈이 있으면 밥값을 내겠지만 돈이 없으니까 못 내는 거예요. 그때도 그렇게 생각했어요. 북한 식당에서는 미국 달러로밖에는 계산이 안 돼요. 카드가 안 돼요. 식사를 마치고 달러를 가지고 계산대에 가서 "얼마입니까?" 물었더니, "계산 하셨습니다" 그러는 거예요. "누가요?" 물었더니, "우리 위원장님이 냈습니다!" 그래요. 제가 내려고 했는데 벌써 인민위원회 부위원장이 밥값을 냈더라고요. "우리가 신세를 졌는데 갚아야죠" 그러더라고요. 우리 그린닥터스가 북측 사람한테 밥 얻어먹은 '1호 손님'일 거예요. 남북회담 같은 일이라면 무슨 목적이 있을텐데 우리는 봉사 말고는 목적이 없잖아요. 그러니 북측에서 밥도 사주는 거지요.

• 남북 의료의 수준 차이

선생님, 남측과 북측 사이에 의료 기술의 차이, 의료 장비의 차이에 대해 말씀해주셨는데요. 의사들은 북한에서도 굉장한 고등교육을 받은 인력들일 텐데 처음 개성병원에서 만난 의사, 간호사의 의료 수준이라 그럴까? 그런 건 어느 정도로 보셨나요?

해방 후 대한민국 의료를 보신다고 생각하면 될 거예요. 해방 후에 뭐가 있었나요? 책상 하고 청진기 하나만 있었잖아요. 그 상황에서 미국의 의료기술, 기계가 들어왔을 때 얼마나 놀랬어요. 남북한의 의료 격차가 그만큼 컸어요. 북한 경제가 안 좋으니까, 의료기기, 약품 살 돈이 없으니까. 머리는 있는데, 그 머리가 움직일 손발이 없다는 거지요. 기계, 기구, 약품이 없으니까요. 북한에는 의료인은 있는데 의약품, 기계가 없으니까 의료가 없는 거랑 마찬가지예요. 현대 의료는 기계와 장비의 싸움이에요. '북한에 의료가 없다'는 게 그 말이에요. 북한 의사들도 머리 좋고, 영리하고, 의욕도 있어요. 의료 기기와 장비, 의료 지식이 들어가면 빨리 습득이 가능해요. 북한 의사들은 배우기를 원해요. 열정도 있고, 영어를 잘 모르니, 한글로 번역된 의료 책을 갖다 줘야 해요. 우리 의대 시절엔 의학을 전부 영어로 배웠는데, 지금은 한글 서적으로 다 바뀌었어요. 북측 의료인들도 공부 열심히 해요. 책이 너덜너덜 해지도록 봐요. 어느 순간에는 남측 사람 수준을 따라잡아요. 열정이 있어요, 한국사람 특유의 열정.

그리고 순수해요. 이분(의사)들은 이걸로 뭐 돈을 벌어야겠다, 이런 마음이 없어요. 실력 있는 좋은 의사가 되고 싶어서 배우는 거예요. 한국 의사들이 오면 '남측 사람에게 배우면 뭘 배우겠나' 하지 않고 가서 진료 과정을 유심히 살펴봐요. 그리고 꼭 따라 해보고 싶어 해요. 남측 의사들은 그런 북측 의사들을 열심히 가르쳐 주면 되는 거예요. 개성에 들어가는 목적이 북측에 도움을 주는 거고, 북한 동포들에게 가진 지식을 열심히 가르쳐야죠. 북한 의사들도 그런 진심어린 마음을 보니까 감동을 하게 되죠. 그러면서 또 배워가는 거예요. 북한 의학 용어들이 남한과 상당히 달라도 그분들은 배워요. 같은 한글이라서 비슷한 게 많아요. 해를 거듭할수록 점점 수준이 올라가니까. 약 처방하고 하는 거는 비슷해졌지요. 남측 진료소에서 진료한 신의주 치과대학 출신의 치과의사 채금철

씨 같은 경우엔 나중에 임플란트도 할 수 있을 정도가 됐어요. 남측 근로자들까지 전부 이 뽑고, 수술할 수 있을 정도까지 수준이 올랐어요. 한국 의사들이 수술을 잘하는 이유를 아세요? 젓가락 민족이라 그래요. 젓가락을 잘 쓰니까, 손기술이 뛰어나요. 미국 의사는 뭉툭한 포크로 쿡쿡 찌르는 식습관 탓에 정교한 수술이 힘들지만, 한국 사람들은 젓가락으로 난자를 잡아서 난자 핵을 빼내잖아요. 남북한이 같은 민족이고, 손기술이 뛰어나니까, 치과 기술을 빨리 습득해요. 한국 근로자들이 치료받고도 아무 불만이 없어요. 약 처방도 한국 약 쓰니까 북측 의사들도 남측 의사와 비슷하게 처방하죠. 제한된 인력의 남측 의사들이 그 많은 개성공단 북한 근로자들을 어떻게 치료해요? 북측 의사들을 교육시키면 간단해요. 교육 시스템이 필요해요. 개성이나 이런 곳에 종합병원을 만들고, 교육 시스템을 갖춰 북한 의사들을 가르치면 북한 주민들의 건강을 빨리 정상화할 수 있을 거예요.

6. 정부 지원 없는 민간의료 지원의 힘과 남측 의료진의 참여 후기

• 민간의료 지원이었기에 가능했던 개성병원

그린닥터스 활동과 관련해서 부산시나 정부에서 지원해준 것은 없는지요?

정부의 지원도, 부산시의 지원도 없었습니다. 순수하게 그린닥터스에 소속된 의사들이 저마다 의약품을 모으고, 자기 돈으로 차비 내서 개성 가고. '개미 의사'들이 자발적으로 모여서 개성병원을 꾸려간 거예요. 의사뿐만 아니고 간호사, 행정요원도, 여러 분야의 자원봉사자들이 순수하게 감당해낸 거예요. '사람을 사랑하는 사람들'이 자기 돈을 써가며 평화를 만들고, 남북 간에 신뢰를 만들어 간 거예요. 정부의 지원이 있었다면 오래 가지 못했을 수 있어요. 지원 받으면 나태해지잖아요. 우리는 항상 없는 상황에서도 진심을 모아 가니까 북한 사람들도 진정성을 알아줬겠죠. 의약품은 상황에 따라 조달할 수 있어요. 예를 들어, 굉장히 비싼 항생제 500mg짜리를 수출하는 한 제약회사에서 서로 협의가 제대로 진행되지 못해 250mg짜리 항생제의 수출 길이 막힐 때가 있어요. 갑자기 수많은 항생제가 쓸데가 없어지잖아요. 남한에서는 항생제가 싼 편이지만, 북한에서 그건 금값이거든요. 굉장히 비싼 거거든요. 그럴 때 그린닥터스는 제약회사나 의약품 도매회사에 부탁을 해요. '약 좀 보내 달라'고. 약이 필요할 때마다 부산의 여러 병원들이 함께 나서서 도움을 줬어요. 그러다 보면 정부 지원 없이도 필요한 것들이 다 공급돼요. 오히려 정부 지원이 있었으면, 제약사나 의약품 도매상들로부터 의약품 지원을 이끌어내지 못했을 거예요.

　개성병원 운영한 지 몇 년이 지나면서 우리 정부 측에서 지원금은 줄 수 없지만 다른 도울 길이 없겠느냐고 물어요. 그래서 개성병원의 의료보험 적용을 제안했어요. 군사분계선에서 가장 가까운 경기 파주시를 의료보험 관할지로 해서 개성공단 내 남측 근로자들에게 의료보험을 적용해주면, 환자는 본인부담금을 내야 하지만 그린닥터스 개성병원은 진료비를 보험공단에 청구할 수 있어 병원 운영에 도움을 받을 수 있죠. 결국 그린닥터스의 제안이 받아들여졌고, 북한 개성에 처음으로 대한민국 의료보험 제도가 적용되는 놀라운 사건이 일어났어요. 하지만 그린닥터스는 인력난과 인건비 부담 때문에 실제로 보험공단에 의료보험을 청구해보지는 않았어요. 개성공단에서 일하는 것 자체로도 힘든데 몸이 아파서 치료받는 남측 근로자에게 진료비를 받을 수는 없었어요. 남북근로자의 치료가 우선이니까, 편하게 진료 받도록 하는 게 중요했죠. 그때 저는 북측 노동자들에게도 우리의 건강보험 혜택을 줘야 한다고 주장했어요. 북측 노동자들이 한국 공단에 근무하므로 한국에 있는 외국인 근로자처럼 대해 줘야 한다는 거였죠. 그러나 그것까지는 안 됐어요. 그때 그걸 가능하도록 해야 했는데 아쉬워요.

• 개성병원에 참여했던 의료인들의 의식 변화

앞서 그린닥터스 개성병원에 참여한 의료 인력에 대해 여쭤봤는데요. 참여하고 오신 분들의 소감이랄까요? 그런 점은 어땠습니까? 가기 전과 갔다 온 다음 많이 달라지셨을 것 같은데요.

개성병원에 가기 전 의사들 마음은 호기심, 궁금함, 무언가 특별한 일을 하고 싶은 마음도 있는데 공산주의 국가, 독재국가라는 생각이 머리에 박혀 있잖아요. 의사들은 특히 보수적이죠. 마음은 개성에 가서 도와주고 싶은데 북한이라는 사실에 대해서는 아주 부정적인 생각을 많이 가지고 있어요. 북한에 대해서는 생각이 굳어져 있어서 그런 인식을 바꾸기가 힘들어요. 그래도 의사들은 기본적으로 봉사하는 마음을 가지고 있기 때문에 북한에 가서 도와야 된다는 생각을 해요. 북한 체제가 좋아서 가는 사람은 아무도 없어요. 가기 전에는 북한 체제에 대한 부정적 인식, 도우려는 마음, 다른 두 가지 생각이 같이 존재하죠. 근데 직접 가서 보니까 '북한 별 거 아니네', '남한 사람하고 생각이 똑같네'. '북한 사람들 역시 아프고, 도움을 원하고 진솔한 마음이 느껴지네'. 그런 걸 배우는 거예요. 북한을 안 좋게 보던 남측 의사들이 개성을 다녀오면 '아, 저 사람들 진심으로 도와야 될 대상이구나!' 하는 생각을 갖게 됩니다. 예전에는 "통일 뭐 하러 하나, 쓸데없이" 그런 의사들도 제법 있었거든요. 근데 개성에 갔다 오면 우리 미래를 보고 통일을 해야 한다기보다는 도와야 할 대상, 협력해야 할 대상으로서 통일이 필요하겠구나, 생각하게 됩니다. 어떻게 보면 통일에 대한 부정적인 생각을 버린 거죠. 60대 이상 세대들은 북한에 대해 6.25전쟁 때부터 부정적 생각들이 머릿속에 딱 박혀 있잖아요. 갔다 오면 북한 사람을 하나의 인격체로 보기 시작하고, 거기가 사람 사는 세상이란 걸 느끼게 되니까. 부정에서 중립적이거나, 긍정적으로, 협력대상으로 인식하게 되고. 저는 개성에 갔다 오면 사람들이 정말 많이 바뀌는 걸 봤어요. 다시 한 번 가자고 하면 그분들은 적극적으로 따라 나서요. 북한에 대한 부정적 인식이 긍정으로 바뀐 거지요. 남쪽에서 배웠던 고정관념들이 실제 체험을 통해서 바뀌는 거죠. 그래서 저는 될 수 있는 대로 많은 남측 사람들을 개성에 데리고 가서 직접 보여줘야 북한에 대한 부정적인 인식을 바꾸고, 남북한이 하나의 민족공동체로서 서로의 마음을 열지 않겠나 생각해요. 이런 부분에서 의료 교류가 참 중요하다고 봐요. 가장 보수적인 남측 의사들의 생각을 긍정으로, 다시 협력 대상자로 바꾸면 전쟁 억지 효과를 발휘하겠죠. 바뀌는 것은 북측 사람들도 마찬가지예요. 그 사람들도 처음에는 남측 사람들을 부정적으로 대했어요. 그런데 남측 의사들이 와서 진심으로 치료해주고, 또 환자들이 나아지는 걸 봤을 때 북측 사람들도 "아 남측 사람들이 괴물은 아니네!" 하고 자기 생각을 바꾸는 거죠. 북측 사람도 바뀌고, 남측 의사도 바뀌고. 처음 개성에 들어갈 때는 긴장, 초조함이 얼굴에 쓰여 있는데 다시 남측으로 돌아올 때는 남측 사람들의 얼굴이 확 펴요. 그들은 무엇인가 뿌듯한 마음을 갖게 되는 듯했어요. 그런 마음들을 보면서 이 일(개성병원 운영)이 지속적으로 필요하다는 것을 느꼈어요.

7. 의료 지원을 위한 우회로와 결핵병원

• 개성종합병원 건립 사업 중단과 대응책 모색

개성종합병원 건립추진과 관련해서 사업이 중단된 이후 진전된 내용은 없는지요?

의사, 변호사, 기업인, NGO 활동가 등 각계각층 전문가들로 구성된 저희 '그린닥터스 개성병원추진위원회' 추진위원들이 작년(2018년) 5월부터 올해(2019년) 지금 12월 말까지 1년 6개월 정도 매주 목요일마다 모여 80여 차례 회의를 해왔어요. 사실 2018년 말에 개성공단 재개와 더불어 개성병원이 오픈될 줄 알고 준비를 해왔어요. 의약품부터 기계준비 등 세팅이 다 된 상황에서 북미 관계가 안 좋아지면서 연기되고, 올해 봄이나 여름에는 개성공단이 재개될 것으로 기대하고 재추진 준비상황을 매주 점검해 왔어요. 그런데 현재는 정치적인, 그런 역학적인 문제가 있으니까, 특히 트럼프(Trump) 미국 대통령하고 여러 가지 문제가 얽혀 있어서…. 현재 모든 준비가 되어 있지만, 곧바로 개성에 들어간다기보다는 좀 더 장기적인 계획을 세워서 들어가려 해요. 기다리는 동안 저희들은 '무엇을 해야 할 것인가?', 지금 필요한 부분을 하나하나씩 계획하고 있어요. 남북 직접 교류가 아닌, 우회해서 북한으로 들어갈 방안으로 러시아와 베트남 쪽에 병원 개설을 준비해 왔어요. 베트남 법인은 지금 다 구성되었고, 내년쯤 베트남 병원이 건립되면, 이곳을 통해 북한으로 들어갈 채비를 할 거예요.

그럼 지금 베트남, 러시아를 우회해서 북한을 지원하는 방안을 구상 중이신 거네요?

베트남 쪽에 병원을 짓고, 베트남 의사들이 (북한에) 들어가서 교육하는 방안도 연구를 해야 될 거고. 러시아 의사들이 들어가는 방안도 있어요. 그런데 제가 보기에 러시아 의사들은 그쪽에 갈 사람이 없어요. 그래서 베트남 호치민 시 푸쑤언(Phú Xuân)군에 병원 부지를 이미 확보했어요. 법인 변경 작업도 완료했어요. 이 병원 긴립 작업이 완료되면 '코리아-베트남 병원(가칭)'이 북한에 들어갈 수 있을 거예요. 베트남은 또 북한과 외교관계가 잘 이뤄져 있으니까요. 아무튼 우회해서 북한으로 들어가는 방안을 추진하고 있어요. 그리고 그린닥터스가 2019년 민족화해협력범국민협의회로부터 통일티브이(TV) 진천규 대표와 함께 민족화해상을 받았어요. 당시 통일티브이 방송 진천규 대표는 취재차 북한에서 2주 동안 체류 중이었어요. 그린닥터스는 진천규 대표에게 고문직을 맡아달라고 부탁했어요. 진 대표와 그린닥터스가 공동 협력하는 형태로 북측에 남북교류 협력을 요청했어요. 북측에서는 "좋다. 좋은데 세계적인 정세의 흐름 속에서 지금 아무것도 할 수 없는 게 안타깝다"고 했대요. 그렇지만 빨리 남북교류 사업이 이뤄졌으면 좋겠다는 북측의 마음은 전달받았어요. 그래서 일단 우회할 수 있는 방안으로 베트남에 병원을 세우는 것을 추진하고 있어요.

알겠습니다. 흔히 생각할 때 대북교류협력 사업 중에 의료분야 사업은 유엔(UN) 대북제재 예외조항이 아닌가 하는데요. 어떤 상황인가요?

그렇죠. 개성공단 내 병원 운영은 예외로 인정해줘야 하는데…. 미국이 워낙 세계 강국이니까. 중국, 러시아도 미국 말을 따르는데, 분단 상태인 우리가 어찌 하겠어요. 근데 법 조항이 애매해요. 미국에서 '아니다' 하면 그렇게 받아들여야 할 여지가 있는 거예요. 우리가 보기에는 인도적인 차원의 의료사업은 해도 되는데, 미국의 입장에서 보면 안 되는 거예요. 남북 의료교류도 그런 국제적인 흐름과 동북아시아 정세 변화를 따르지 않을 수 없는 거죠.

정부가 너무 소극적으로 일을 하는 게 아닙니까? 그런 면에서는?

우리가 강한 나라 같으면 주변국을 무시할 수 있지만 강대국 틈바구니 속에서 신경 써야 할 게 많지요. 만일 일을 진행해서 국가 경제에 손해가 온다면 결국 국민들 손해니까요. 통일도 중요하지만 더 중요한 것은 국가 경제 아니겠어요? 현재까지 그런 입장 조율을 지혜롭게 잘하고 있는 것 같아요. 빨리 (남북관계 개선을) 하고 싶은 마음은 있지만, 행동을 절제하면서 조화롭게 해가고 있는 것 같아요. 미국이나 중국 등 주변 국가들에게 신경 안 쓰이게 하는 부분들은 현 정권에서 제대로 잘 하고 있다고 생각해요.

• 황해도 해주에 결핵병원을!

외교적인 입장 조절이나 조정이 중요한 것 같습니다. 얼마 전 보니 경기도에서 지원하는 북측 개풍양묘장은[8] 유엔 대북제재 예외사업으로 인정받았더라고요. 그런 사례를 봤을 때 앞으로 대북 예외 조항, 혹은 그 관련 분야에 대해서는 좀

---

8 개풍양묘장 지원사업은 2007년 9.13남북합의서 체결에 따라 북한 황해북도 개성시 개풍동 일대 9*ha*에 묘목을 생산할 수 있는 산림 녹화사업의 전초기지를 만들어 황폐화한 북한 산림을 복원하는 프로젝트다. 2007년~2010년 경기도 남북교류협력기금 17억7천만 원을 들여 온실 5개 등 6*ha*에 연간 150만 그루 묘목을 생산할 수 있는 시설을 갖췄다. 그러나 2010년 남북관계가 나빠지며 중단됐다(『한국경제』, 2019/12/19).

더 전향적인 측면에서 접근해야 할 것이란 생각이 듭니다. 그러면 선생님, 북한 의료지원이나 공동 진료와 관련해서 가장 시급한 분야가 어떤 것이라고 보십니까? 특정한 질병과 관련해 말씀해주셔도 좋고요. 전반적으로 의료가 낙후되어 있기는 한데 예를 들어 유진벨(Eugen Bell)재단에서[9] 지원하는 결핵 있지 않습니까? 그린닥터스 장기 전망을 보니 황해도 해주에 결핵병원을 세우는 목표가 있더라고요. 이건 어떻습니까?

'해주 구세요양원 복원사업 계획'을[10] 통일티브이 진천규 대표에게 설명하고, 그 병원 터를 확인해달라고 부탁했어요. 근데 그분이 거기에 못 갔어요. 해주는 아직 전략적인 군사 요충 지역이라 남측인사들에게 오픈 안 하고 있어요. 이건 앞으로 풀어야 할 숙제고요. 사실 개성공단에서 결핵 지원사업을 하려면 개성시 경계지역에 결핵검진센터를 세워야 해

---

9 1895년 한국에 파견되어 서울과 목포에서 선교활동을 했던 유진벨 선교사의 선교사역 100주년을 기념하여 그의 4대손인 인세반(Stephen W. Linton)이 대북지원 사업을 목적으로 설립한 비영리단체다. 유진벨재단은 1995년 기근으로 어려움을 겪던 북한 주민을 위한 식량지원을 시작했다. 1997년을 기점으로 결핵퇴치로 사업을 전환했다. 그 후로 10년 동안 결핵 약과 진단장비 지원 등, 현재 북한의 가장 심각한 보건문제로 대두되고 있는 결핵퇴치를 위한 의료지원 활동을 이어왔다. 이 기간 동안 북한 의료기관 70곳에서 25만여 명의 일반결핵 환자들이 유진벨을 통해 치료 혜택을 받았다(유진벨대단 홈페이지, https://www.eugenebell.org:50008/load.asp?subPage=110).

10 캐나다 의료선교사 셔우드 홀(Sherwood Hall)은 1928년 황해도 해주에 우리나라 최초의 결핵 전문 치료소인 '구세요양원'을 개원했다. 운영비 충당을 위해 1932년 12월 3일 한국 최초의 크리스마스실(Christmas Seal)을 만들어 미국 교회 등에 팔아 기금을 마련하기도 했다. 대한결핵협회는 창립 60주년이던 지난 2013년 우리나라 최초 결핵치료소였던 황해도 해주 구세요양원을 복원하는 '코리아 결핵병원 건립'을 정부에 촉구한 바 있다. 2013년 당시 대한결핵협회장이었던 정근은 2018년 다시 '구세요양원 복원 구상'을 밝혔다(『부산여성신문』, 2019/07/31).

요. 그래야 검체를 한국으로 곧바로 보낼 수 있거든요. 그 다음 좀 더 진전된다면 개성 인접 지역에 검진센터를 하나 더 만들면 결핵치료에 대해서는 북한 최고 시설이 되는 거죠. 결핵에 대한 연구센터, 연구단지가 될 수 있죠. 해주는 역사적으로 결핵병원을 짓는데 의미가 있습니다. 1928년 캐나다 셔우드 홀이 와서 결핵환자들을 진료하는 '해주 구세요양원'을 세우고, 그 진료소를 지원하기 위해 1932년 크리스마스실을 발행했거든요. 그분은 선교사에요. 그분이 우리나라 최초의 결핵요양원을 만들고, 수많은 우리 국민들의 목숨을 살렸어요. 남쪽, 북쪽 지방 곳곳에서 결핵환자들이 다 해주로 모인 거예요. 그 '구세요양원' 복원사업이 국제적인 결핵퇴치의 하나로 다시 추진된다면, 북한의 결핵퇴치에도 엄청나게 이바지 할 거고, 한반도 평화에도 크게 도움될 거예요. 셔우드 홀이 일생을 바쳐 우리나라에서 행했던 일을, 북한 해주에서 다시 일으킨다면 그 의미가 클 것 같아요. 결핵환자들은 장기적인 입원 치료가 필요하거든요. 공기가 좋아야죠. 그래서 바닷가인 해주에 병원을 만들어야 해요. 남과 북의 의료기관들이 서로 연결돼서 검체를 분석하고, 그 결과를 알려주는 시설과 시스템은 개성에 있어야 돼요. 투트랙(two track)으로 구성해야죠. 급속한 치료를 요하는 것은 '개성 종합병원'에서 수행해야 해요. 아침 일찍 서울에서 차 몰고 개성에 가서 치료하고 내려올 수 있게요. 평양에 가는 것도 좋지만 남한에서 신속하게 움직일 수 있는 곳은 개성이에요. 개성공단 내에서는 마음대로 다닐 수 있지만, 개성 시내는 함부로 들어갈 수 없어요. 그래서 개성공단과 개성시 경계지역에, 남측 의료진들이 마음대로 드나들 수 있는 곳에 남한의 결핵연구원 같은 북한 결핵연구센터를 설치해야 해요. 북한 전역의 환자를 커버할 수 있도록. 결핵환자 중 중증환자, 내성환자들은 '해주 결핵병원'에서 치료하고요. 캐나다 의사 셔우드 홀이 했던 사업을 복원한다면, 인류애 차원에서도 큰 의미가 있을 거예요. 그런 일을 서둘러야 하는데 이젠 직접 못 들어가니까 베트남이나 러시아를 경유해 움직이려고 하는 거예요.

• 국민성금과 자원봉사로 만들어지는 결핵병원

이야기를 듣고 보니 이게 굉장히 상징성이 크고, 역사적 배경이나 여러 가지로 큰 의미가 있는 것 같습니다. 지금 말씀하시는 동안 약간 소름이 돋을 정도였는데요. 국제적으로, 남북한 관계에서도, 이 사업이 가진 의미를 좀 더 새로운 관점에서 보게 되는 것 같습니다.

저희들은 지금까지 모든 일들을 북한에 초점을 두고 만들어왔어요. 의료 중에서 결핵문제를 푼다면 북한 핵 문제도 풀릴 수 있을 거라 생각해요. 의료 전문가들이 나서고, 행정이나 외교, 방송이나 학계 등이 컨소시엄을 구성해 방법을 모색하려고 합니다. 그린닥터스 재단은 보건복지부 소속 법인입니다. 통일부 소속의 사단법인체로 '평화통일범국민운동본부'가 있어요. 거기와도 저희가 협력을 하기로 했습니다. 거기 총재님께서 그린닥터스 상임고문으로 들어오고, 제가 평화통일국민운동본부에서 역할을 하고. 한 사람이 주도적으로 일하는 시대는 지났잖아요. 모두가 협력해서 일을 도모해야지요. 우리 국민이 힘을 합치는 걸 넘어서 재외한국인들, 특히 캐나다, 미국, 호주에 한국인 동포들이 많거든요. 의사들도 많아요. 그런 분들의 힘을 모으고, 국민성금으로 해주에 병원을 지어보자. 국가의 도움도 좋지만 국민성금이 의미가 있잖아요. 남북 의료교류 사업의 전초기지로 베트남 푸쑤언에 '코리아 온호스피털'을 지으려고 합니다.

베트남 국민들, 베트남에 있는 재외한국인들에게도 필요한 의료시설이지만, 결국 그 사업들의 최종 목표는 북한을 돕는 것입니다. 이 일을

사진 6 베트남 온호스피털 조감도

주도적으로 담당할 의료법인 온종합병원의 인식도 같아요. 그린닥터스가 개성병원을 운영하면서 의약품 구하기도 힘들고, 의료인력 지원에도 힘들었어요. 종합병원이 아닌, 의료인들로 구성된 의료봉사 단체여서 쉽지 않았어요. 그런 어려움을 오랫동안 경험한 제가 2010년 의료법인 온종합병원을 설립했어요. 대북사업의 전진기지 역할을 꿈꾸면서. 온종합병원이 이제 그런 힘을 많이 비축했어요. 온종합병원을 통해 '베트남 코리아 온호스피털'을 세울 겁니다. 한국 의사들은 북한에 마음대로 못가도, 베트남 의사들은 마음대로 갈 수 있어요. 미국 의사들도 북한에는 출입금지라 마음대로 못가요. 근데 한국인이면서 미국 영주권을 가진 사람은 갈 수 있어요. 이런 분들이 모여서 북한을 도울 수 있는 역할들을 찾을 수 있을 거예요. 북한을 도울 수 있는 길이 결국은 개방이거든요. 북한도 이제 많이 개방됐잖아요. 북한도 '아! 우리가 폐쇄적인 나라에서 개방적인 나라로, 다른 나라들과 교역하는 국가로 가야 되겠다'는 생각을 조금씩 하고 있거든요. 특히 개성공단을 통해서 그런 생각이 많이 확산 됐어요. 개성시 개풍지구 인구가 20 몇 만 명이지만, 사실 북한 인구 2천 만이 다 개방의 필요성을 알아요. 이런 북한 주민의 마음을 열고 국민 컨센서스를 만들어가는 데엔 결해이 중요합니다. 님과 북이 의료부분만이 라도 교류를 통해 하나가 돼야 합니다.

국민성금 이야기 하셨는데, 사업을 위한 재원조달이라고 할까요? 이건 어떻게 해결할 예정이신지요?

병원을 만들려면 엄청난 돈이 들어간다고 사람들은 생각해요. 국민성금 이 엄청나게 들어가고. 운영에도 큰돈이 들어가고. 그런데 의료인이 직 접 나서면 1/10로 줄일 수 있어요. 그린닥터스 개성병원을 정부에서 운 영했다면 비용이 10배 더 들어갔을 겁니다. 의사들이 직접 맡아서 하니 까, 각자 비용을 조금씩 추렴하고 의약품도 비용 없이 후원으로 해결됩 니다. 그러니까 정부가 운영할 때와 비교해 1/10의 비용으로도 그린닥 터스 개성병원의 운영이 가능했던 거예요. 온종합병원 자체만으로도 지 금 대북사업을 지원할 만큼 충분한 여유가 있어요. 근데 온종합병원 단 독으로는 국민적인 컨센서스를 형성하는데 한계가 있어요. 국민적 공감 대, 통일에 대한 마음들이 확산돼야 일이 이루어지거든요. 정부 지원 없 이도 그린닥터스는 북한에서 8년 동안 남북한 개성공단 근로자 35만 명 을 무료 진료하고, 북측 의사 23명을 매달 월급 주면서 개성병원을 유지 했어요. 그냥 그린닥터스 회원들이 십시일반으로 비용을 대면서 가능했 던 거예요.

　마음이 순수한 사람들이, 통일을 진짜로 바라는 사람들이, 봉사하 는 사람들이, 월급도 없이 북한에 가서 봉사하고. 자비로 개인 승용차에

사진 7 북한 지역 말라리아 예방을 위한 의료 활동

기름 넣어가면서 매일 같이 광화문에서 차를 몰고 개성공단으로 내달렸어요. 그린닥터스 개성병원 운영에 동참한 병원들이 있으니까 의약품 협력도 쉽게 받을 수 있었죠. 의료인 인건비나 병원의 의약품 비용이 크게 필요하지 않았어요. 의료기계는 개성병원 운영에 동참한 병원에서 지원했거든요. 돈 들 일이 없어요. 헌신적인 사람들이 함께 모여서 했기에 가능한 일이었어요. 그린닥터스가 개성병원에서 8년 동안 해온 일들이 모두 그렇게 해서 이뤄진 거예요. 그린닥터스에는 월급 받고 일하는 사람이 아무도 없어요. 다들 자기 직업을 갖고 있고, 각자의 재능 기부를 통해서 자원봉사를 하는 거예요. 관료적인 입장에서 보면 불가능한 일이죠. 황해도 해주에 결핵병원을 짓자는 계획도 마찬가지예요. 북한엔 건물들이 많이 비어 있거든요. 남측 건축회사가 북한에 가서 값싼 노동력을 활용해 리모델링하면 남한에서의 1/10 비용으로 가능할 거예요. 시설의 경우 남측에 남아도는 의료기기들을 가져가서 재활용하면 돼요. 은

퇴한 의사, 간호사들의 자원봉사 활동을 유도하면 의료 인력도 충분히 공급 가능해요. 영리 목적 없이 벌룬티어(volunteer)들이 순수하게 일해야 해요. 여기서 누가 이득을 취하려 하면 부정이 발생할 수 있어요. 최소비용으로 최대효과를 얻으려면 전부 다 자원봉사자들로 운영해야 해요. 세계의 재외한인들은 물론 국제사회가 이 일에 동참하면 더욱 의미 있을 거예요. 셔우드 홀이 100여년 전인 1928년 황해도 해주에 가서 대한민국 최초의 결핵병원인 구세요양원을 지었는데, 이 병원을 다시 복원한다고 하면 캐나다 정부인들 안 돕겠어요? 이 일은 국민운동, 세계 평화운동이에요. 선한 사람들이 동참할 수 있는 그릇, 운동장을 만드는 역할을 그린닥터스가 맡고 싶어요.

8. 북측 결핵문제의 심각성과 의료를 통한 통일운동

• 북측이 도움의 손길을 요청할 정도로 심각한 결핵문제

결핵을 중심으로 말씀하시니까, 북한에 결핵이 얼마나 심각한 상황인가요?

북측이 죽겠다고 해요. 우리 결핵이 너무 심각하다면서요. 우리도 옛날에 결핵환자들이 많다는 게 부끄러워서 세계에 알리지 않았거든요. 지금도 결핵 유병률이 OECD 34개국 중 33등이에요. 꼴찌 수준이에요. 앞순위의 31등, 32등 국가와는 엄청나게, 10배나 더 많을 정도로 결핵 유병률이 높아요. 남한만 하더라도 한때 국민 3명 중 1명이 결핵균을 보유하고 있을 정도였어요. 지금은 인구 10만 명당 70명대까지 줄어들었어요. 북한은 등록된 환자만 해도 인구 10만 명당 560명이고, 실제로는 더 많아요.[11] 왜? 북한이 의료시설이 취약하니까 결핵검사를 다 할 수 없어요. 돈이 없어 치료약도 살 수 없어요. 이렇게 심각하다 보니까 "결핵 때문에 큰일 났다. 우리 좀 도와 달라"고 북측에서 먼저 손을 내미는 거예요. 물에 빠져 있으니 당장 건져내야 하는 상황인 거예요. 손을 내미는데 손을 안 잡으면 됩니까? 이런 일은 정부 차원에서도 직접 도와야 하지만, 민간 차원에서 적극적으로 나설 수 있게 행정지원이 필요해요. 행정가는 문제가 안 생기기만 바라고, 책임 문제가 따르니까 소극적인 자세로 일하게 돼요. 민간은 결과에 대해 문제 생기는 것을 두려워하기보다는 당장 도움을 주는 일에 먼저 나서게 되죠. 그게 그린닥터스가 해왔던 일이지요. 북측에서도 처음에는 우리를 반대하다가, 나중엔 우리가 하자고 하는 대로 따라줬어요. 그린닥터스의 목적이 자기들을 이용하는 것이 아니고, 북한을 도와주는 거라는 걸 아니까요. 남측에선 '북한이 이상한 나라'라고 생각하는데, 사실 한 사람 한 사람 그 속마음은 정말 순수해요. '우리가 당신들을 힘들게 하는 것이 아니라 도우러 왔다'는 걸 알게 해줘야 돼요. 그 사람들의 마음을 얻기 위해서는 진정한 마음으로 결핵을 치료해줘야 해요. 북한은 다른 건 '안 도와줘도 된다'고 그래요. '필요 없다'고 하면서. 근데 결핵만은 꼭 도와 달라고 해요. 왜? 대한민국의 결핵 치료 수준이 세계 최고 거든요. 결핵 검진율, 치료 능력, 결핵에 대한 노하우가 세계 최고 수준이에요. 결핵환자가 많은 데다 의료 선진국이어서, 세계 어느 나라보다도 한국의 결핵 치료 능력이 최고예요.

당연히 우리가 도와주러 북한에 가야지요. 근데 우리가 가고 싶다

---

11 북한의 결핵환자는 2015년 기준 보고된 환자가 14만 1천여 명, 2016년 기준 인구 10만 명 당 561명이었으며, 매년 증가하는 것으로 알려졌다(그린닥터스, 앞의 책, 125).

고 마음대로 갈 수 있는 데가 아니어서, 정부에서 민간분야가 북한 결핵 치료를 할 수 있는 틀을 만들어줘야 가능한 일이에요. 정부가 그 틀을 만들어주면, 그 내용을 채우는 일은 시민단체들이, 국민들이, 세계동포들이 담당해 나간다는 거죠. 국민이 나서서 자원봉사를 하는 거죠. 자원봉사자들은 지진 난 데도 찾아가잖아요. 마음, 열징이 있으면 북한이라도 가는 거예요. '어떻게 하면 책임을 면하고, 내 승진에 문제가 안 되게 할까?'하는 생각에 얽힌 관료들로는 교류 협상이 제대로 안 돼요. 관료, 행정적 입장에서는 물론 안전하게 일처리 하는 게 중요하지요. 그런데 일단 저지르고 봐야 나중에 일에 대한 문제점도 해결되지요. 일을 만들지도 않은 채 병폐만 지적하게 되면 아무 일도 일어나지 않아요.

남북한 사이에 의료만큼 신뢰를 즉각적이고 가시적으로 보여주는 것도 없는 것 같습니다.

의료가 나서면 많은 시스템이 따라갈 수 있게 되잖아요. 자연히 더 많은 교류가 일어나는 거예요. 산업이 가려면 의료가 먼저 가야 돼요. 의료가 처음 깃발을 꽂아놔야 다음 부분의 교류가 순차적으로 이뤄지는 거예요. 그런 일들을 정부도 알고 있어요. 남북교류를 풀어 가는데 앞세울 수 있는 건 결핵이에요. 그런데 정치적인 논리 때문에 의료는 언제나 제일 뒤에 처져 있어요. 그냥 액세서리쯤으로. 의료를 잘 활용하면 물꼬를 틀 수 있는 열쇠를 쥘 수 있는데도 말이죠. 그걸 정부, 대통령, 많은 지도자분들이 알았으면 좋겠어요.

말씀을 듣고 보니 그린닥터스가 개성병원으로 시작했지만, 정말 원대한 비전을 가지고 있고, 의료라는 것이 궁극적으로 남북관계, 한반도 평화, 인류애의 상징으로 자리매김할 수 있을 거 같습니다.

아프면 병원에 가야 되잖아요. 사람들은 죽음의 공포 앞에 섰을 때 의사를 신적 존재로 여기거든요. 북한도 똑같아요. 의사가 신은 아니지만, 연민으로 대하고 사랑하는 마음을 가질 때 북측 사람들의 마음을 움직일 수 있어요. 그러한 일을 거치면서 통일에 대한 마음을 만들어가는 거예요. 그 일이 의사가 해야 할 일이예요. 그런 헌신하는 의사들은 많아요. 대한민국 의사들이 처음부터 돈벌이하자고 그 직업을 선택하지 않아요. 대부분이 사람들을 치료해주는 일에 대한 열정과 헌신하는 마음을 가지고 의사가 됐어요. 그런 초기 다짐들이 일을 하면서, 진료에 파묻혀 잠재해 있는 거예요. 잠시 잊어버린 그 마음을 의사들에게 다시 일깨워주는 거예요. 그린닥터스를 통해서 북한 개성공단에 간 의사들이 거의 6천 명에 육박하거든요. 그 사람들이 북측 주민들을 진료하면서 '아! 우리가 생각했던 북한이 아니구나. 적대해야 될 국가가 아니구나. 우리는 같은 민족이네' 그런 마음을 갖게 됐고, 이게 확산되면 통일에 대한 국민운동으로 승화할 수 있어요. 통일에 대한 운동은 "통일하자!" 하고 말로만 부르짖을 게 아니라 피부로 느껴져야 하거든요. 그런 일이 의료를 통해 이루어질 수 있다는 거예요. 남북이 서로 교류하고 협력하지 않으면 대한민국은 세계강국이 될 수 없어요. 그 목표를 의료를 통해 이뤄보자. 그러려면 남북 간 닫혀 있는 자물쇠를 열쇠로 열고 들어가야 될 거 아닙니까. 그 열쇠가 의료예요. 의료분야 가운데서도 핵심이 결핵입니다. 북측이 제일 원하는 교류사업이 결핵 지원사업이거든요. 북측이 원하지 않는 걸 우리가 줘봐야 소용이 없잖아요.

• 북측의 결핵 치료 수준과 지원의 필요성

선생님, 그럼 북한의 결핵 치료 수준이랄까요? 퇴치 수준, 의료 수준은 어느 정도입니까?

북한의 고위층을 만날 때면 "결핵 힘들다, 어렵다, 도와 달라!", 하면서
노골적으로 털어놔요. 앞서 잠깐 언급했지만 의료수준은 대개 국가의 경
제수준과 비례해요. 북한 경제수준이 최악인데, 의료수준만 좋을 수 있
겠어요? 지금 의료는 돈이에요. 의료기계, 의약품 등등. 돈이 없으니까
의료수준이 최악인 거죠. 그리고 남한에서는 의사가 선망의 직업이잖아
요. 선진국에서도 많은 사람들이 의사를 꿈꾸거든요. 왜? 의사들이 사회
적으로 인정을 받으니까. 의사들이 사회적으로 인정을 받는 나라는 의료
가 발달돼 있어요. 그렇지 않으면 의료가 발달하지 않아요. 결국 북한에
서는 의사가 사회적으로 인정받지 못해 의료가 발달이 안 돼 있어요. 먹
고 살기 바쁜데, 밥이 없어 굶어 죽는데, 질병 치료는 꿈도 못 꿔요. 요즘

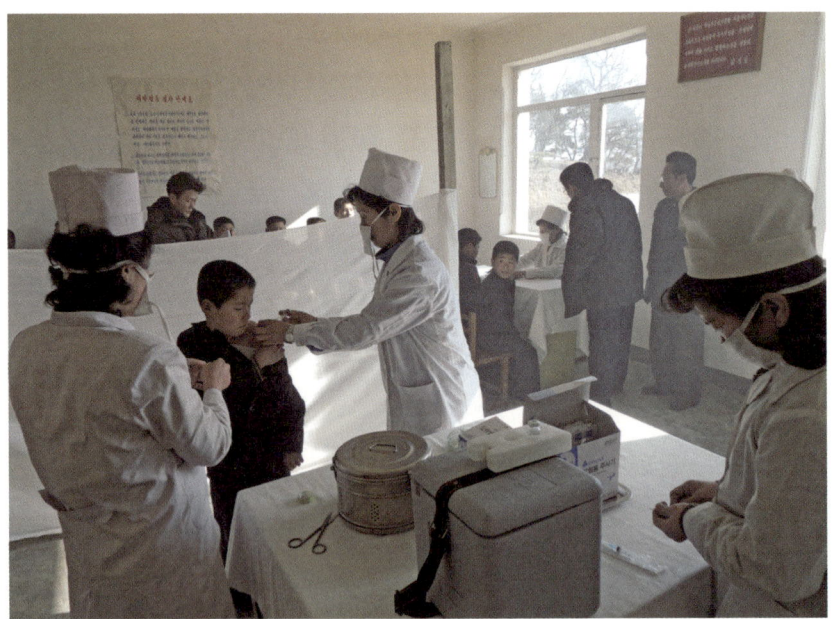

사진 8 북측의 결핵진료 모습

은 북한의 경제 수준이 많이 좋아졌기 때문에 의료에 관심을 갖는 거예요. 결핵에 대해 관심을 갖고 있는 거예요. '이러다가 큰일 나겠다', '결핵 때문에 경제발전 안 되겠다'. 그래서 결핵 치료를 도와달라고 손을 내미는 거예요.

그런데 다 닫아버렸잖아요. 지금 누구도 갈 수 없잖아요. 제가 대한결핵협회 회장할 때만 하더라도 개성공단에 결핵 검진센터를 다 세팅해 놨었어요. 북한에서 제일 큰 결핵검사소가 그린닥터스 개성병원이었는데, 개성공단이 문을 닫아버렸으니 너무나 안타깝죠. 북한은 당장 의료가 필요한데, 지금은 모든 게 닫혀버렸어요. 마음은 개성공단을 열고 싶은데 자존심 때문에 열지 못하는 거죠.

이 문제가 참 절박하군요.

그럼요. 절박한 이유가, 결국 우리나라 국민들도 설득해야 되잖아요. '북한을 잘 살게 해주면 또 전쟁이나 일으킬 거다', 이렇게 생각하는 어르신들이 제법 많아요. 근데 생각해봐요. 우리 옆집에서 결핵 환자들이 기침을 콜록콜록하고 객혈을 뱉은 휴지를 그냥 내버리고 하면 좋겠어요. 결핵 환자 기침이 내 방까지 날아올까 겁나잖아요. 가래를 확 뱉으면 15~20미터까지 날아가요. 그 포말균이. 결핵환자 옆에 있는 게 무섭잖아요. 똑같아요. 북한은 바로 우리 옆 집이예요. 나를 위해서, 내 가족, 내 자녀, 우리 부모님을 위해서라도 '옆집 결핵환자'를 치료해줘야 해요. 그게 서로 상생하는 길이예요. 남한도 살고, 북한도 살고. 북한을 도와주는 일이 핵을 만드는 게 아니고, 내 건강을 염려해 이웃을 치료해주는 일이니까요. 전쟁터에서도 사람이 다치면 서로 업어가서 치료해주는데, 우리 동포인데 왜 그걸 못하냐. 왜 적대시 하냐. 그런 마음들은 온 국민이 다 비슷할 거예요. 우리나라 국민들이 사랑하는 마음이 깊어요.

• 그린닥터스와 봉사하는 삶

제가 인터뷰를 하면서 많이 배웠습니다. 제가 의료에 대해 단순하게 생각한 것 같습니다. 의료기관이 사람을 치료하는 걸 넘어서, 그 지향하는 바, 정신이 인상적이었습니다. 황해도 해주 결핵병원 이야기나, 북한에 접근하는 방식, 북한 사람들에 대한 이야기까지… 그린닥터스가 추구하는 것을 꼭 이루었으면 합니다.

사람이 죽으면 아무 것도 없잖아요. 죽기 전에 필요한 일을 해야지요. 이름을 남기면 무엇 하겠어요. 그렇지만 사람들에게 평화와 사랑을 나눠주는 일, 이건 함께 해야 하는 거예요. 특히 의료분야 같은 경우는 의사에게 주어진 소중한 능력이고, 귀한 임무니까요. 저도 어렸을 때 결핵을 앓다 죽을 뻔했으니까, 그 중요성을 알죠. 그 일들을 사명감과 소명의식을 갖고 해요. 그린닥터스 재단은 항상 그랬어요. 누구도 튀거나, 뛰어나가서 앞장서거나 하지 않고, 전부 다 조용히 뒤에서 묵묵히 봉사했어요. 특정 목적이나 불순한 의도를 갖고 그린닥터스에 가입했다가도 수많은 회원들의 헌신과 열정을 접하고는 이내 순수성에 빠져들게 돼요.

자기희생이 필요한 일이죠.

이 일들이 자기가 해야 할 일이고, 자기 능력을 사회에 기부하는 일이고, 그러니까 재미있어요. 그린닥터스 재단에서는 서로 싸우는 사람이 한 명도 없어요. 자기 주어진 직분만큼, 능력만큼 일하고 봉사하는 거예요. 북측이 '하지마라' 하면, 우리는 안 해요. 조용히 기다리지요. 남을 돕는 것은 자기 스스로를 돕는 거예요. 그러다보면 결국 우리 모두를 돕는 일이지요. 봉사를 하다보면 처음에는 '아, 내가 당신을 도와줘서, 당신은 내 도움을 많이 받았지' 그런 생각을 많이 갖게 돼요. 지금 생각해보면 초보자의 봉사 개념이죠. 그것도 틀린 게 아니라 맞아요. 도와주면 누구든 고맙지 않겠어요. 외려 도움 받고 고맙다는 말 안 하면 서운하죠. '도와주는데 저 사람이 은혜도 모르고'. 그런데 나중에는 은혜를 몰라줘도 좋아져요. 자기 마음이 기쁘면 그걸로 끝이거든요. 돕다보면 엔도르핀이 솟고 자기 몸이 건강해져요. 늙을 틈이 없어요, 아플 틈도 없어요. 봉사하는 일에 바빠서요. 살아 있는 동안 자기 돈의 1/10, 자기 재능의 1/10, 시간의 1/10을 남들을 위해 쓴다면 세상이 얼마나 좋아지겠어요. 그런 일들을 할 수 있게 우리 그린닥터스가 서로 엮어주고 만들어주는 일들을 합니다.

참고 자료

그린닥터스, 2019, 『그린닥터스 개성남북협력병원 백서』, 그린닥터스.

『부산여성신문』, 2019/07/31.
『한국경제』, 2019/12/19.
『한겨레』, 2004/04/24.
『News1뉴스』, 2019/11/05.

유진벨재단 홈페이지.